The Crowd
A Study of Popular Mind

大众心理学研究

〔法〕古斯塔夫·勒庞◎著
若初◎译

中国·武汉

图书在版编目（CIP）数据

乌合之众：大众心理学研究 /（法）勒庞著；若初译. -- 武汉：华中科技大学出版社, 2017.3（2024.5重印）

ISBN 978-7-5680-2544-7

Ⅰ. ①乌…　Ⅱ. ①勒… ②若…　Ⅲ. ①群众心理学一研究　Ⅳ. ①C912.64

中国版本图书馆CIP数据核字（2017）第017482号

乌合之众：大众心理学研究

Wuhezhizhong：Dazhong Xinlixue Yanjiu　　（法）勒庞 著　若初 译

策划编辑：亢博剑

责任编辑：沈剑锋

封面设计：日　尧

责任校对：张　琳

责任监印：朱　玢

出版发行：华中科技大学出版社（中国·武汉）　电话：（027）81321913

武汉市东湖新技术开发区华工科技园　邮编：430223

印　刷：三河市中晟雅豪印务有限公司

开　本：880mm×1230mm　1/32

印　张：6

字　数：120千字

版　次：2017年3月第1版第1次印刷　2024年5月第1版第2次印刷

定　价：42.00元

华中出版

目录

作者自序 / 1

导言　群体的时代　/ 1

第一卷　群体心理

第一章　群体的基本特征 / 11

第二章　群体的情感和道德观 / 21

1. 群体的冲动、善变和急躁 / 22
2. 群体的易受暗示和轻信 / 25
3. 群体情绪的夸张与单纯 / 33
4. 群体的偏执、专横和保守 / 36
5. 群体的道德观 / 39

第三章　群体的观念、理性与想象力 / 43

1. 群体的观念 / 44
2. 群体的理性 / 48
3. 群体的想象力 / 49

第四章　群体信仰所采取的宗教形式 / 55

第二卷　群体的意见与信念

第一章　群体的意见与信念中的间接因素 / 63

1. 种族因素 / 65

2. 传统因素 / 66

3. 时间因素 / 68

4. 政治和社会制度因素 / 69

5. 教育因素 / 72

第二章　群体意见的直接因素 / 81

1. 形象、词语和套话因素 / 82

2. 幻想因素 / 88

3. 经验因素 / 90

4. 理性因素 / 91

第三章　群体领袖及其说服手段 / 95

1. 群体的领袖　/ 96

2. 说服手段：断言、重复和传染 / 102

3. 声望 / 107

第四章　群体的信念与意见的变化范围 / 117

1. 坚定不移的信念 / 118

2. 易变的群体意见 / 123

第三卷 群体的分类及其特征

第一章 群体的分类 / 131

1. 异质群体 / 133

2. 同质群体 / 135

第二章 犯罪群体

(受无意识支配的刽子手) / 137

1. 无意识的行凶者 / 138

2. 疯狂的大屠杀 / 140

第三章 刑事陪审团

(比法官更具人情味的刑事群体) / 143

1. 非高智商群体 / 144

2. 情感的奴隶 / 145

3. 无辜者的保护伞 / 149

第四章 选民群体

(政治机器的杰出作品) / 151

1. 迎合制胜 / 152

2. 无休止的争论战 / 155

3. 普选权 / 158

第五章　议会

（文明民族的理想象征）/ 161

1. 现代文明民族的理想 / 162

2. 掌控群体的机器 / 163

3. 消耗财力和限制人们自由的机器 / 174

结语　民族的循环过程 / 178

作者自序

这部作品详细描述了多种群体的特征。

遗传赋予种族中的个体所有的共同特征，便构成了种族特征。然而，当一定数量的个体为了某项行动聚集成群时，仅仅从他们群聚这一事实，我们就会发现，除了原有的种族特征之外还会出现某些新的心理特征，有时两者的差异相当巨大。

在各民族的生活中，组织化群体一直扮演着重要的角色，但从来没有现在这般重要。这个时代的一个主要特征表现为群体无意识行为取代个体有意识行为。

我竭力通过完全科学的方法来考察群体所带来的难题，这种科学的方法不受各种观点、理论和教条的影响，而是不断地在方法上下功夫。我相信这是发现真理的唯一方法，尤其在这个莫衷一是的问题上，情况更是如此。决心证实某种现象的科学家，不会考虑自己证实的结果会触动到谁的利益。著名思想家阿尔维耶拉曾在最近出版的一本著作中表示，不属于当代任何学派的他，偶尔会发现自己的意见与各学派的意见相对立。我希望这部新作亦能获此评价。若属于某个学派，则必然会有拥护该派的偏见及先入为主的观点。

这里我还是应该解释一下，读者为何对我的结论可能一开始无法接受。例如，尽管我指出包括精英人士在内的群体心理极端低劣，我仍然断定干涉他们的组织是危险的。

原因在于，经过对历史最仔细的观察我们可以得出结论：社会组织与所有生命体一样复杂，我们还没有能力使它们在顷刻之间发生深刻的变化。大自然有时会用一些根本的方法，但绝不是用我们的方式。对民族而言，最致命的莫过于对重大变革的狂热，无论这些变革在理论上有多么美好。然而，只有当变革使民族特征即刻发生变化，才算是有用的，实际上只有时间具备这种变革性的力量。人类受各种思想、观念和传统习惯的支配——这是我们的本性使然。制度与法律是我们特征的外在表现，反映着它的需求。作为种族特征的产物，制度与法律不可能改变这种特征。

社会现象的研究与产生这些现象的民族研究是不可分割的。从哲学意义上来说，这些现象可能具有绝对价值，但实际上它们只具有相对价值。

所以，在研究某一社会现象时，必须从两个不同的方面依次进行考虑。我们会看到纯理性学说常常与实用理性学说背道而驰。这一特征几乎在所有资料中都可以发现，甚至物理学资料也不例外。从绝对真理的角度来看，一个立方体或一个圆是由一定的公式严格定义的不变几何图形；而从我们的印象来看，这些几何图形在我们眼中呈现出各种形状；从透视的角度来看，立方体可以变为椎形或正方形，圆则可以变为椭圆或直线。此外，对这些虚构形状的思考，远比对它们真实形状的思考更为重要。因为正是我们看见的这些形状，也只有这些形状，能够通过摄像或绘画加以重现。有时不真实的东西比真实的东西包含着更多的真理。按照物体确切的几何形状呈现它们时，可能会扭曲其特性，使其变得不可辨认。设想一下，如果世界上的居民只能复制或翻拍物体，却无法接触，他们就很难对物体的形状形成一个准确的概念。如果有关这种物体形状的知识仅被少数知识分子所了解，也就没有多少意义了。

研究社会现象的哲学家应当记住，这些现象不仅具有理论价值，还具有实践价值，而且就文明发展而言，只有实践价值才具有重要意义。认识到这一点后，当他在对待最初强加于其逻辑之上的结论时，就会更加小心谨慎。

还有一个原因促使他如此谨慎。社会现象如此复杂，根本不可能完全掌握并预见它们相互影响所产生的后果。在可见的现象背后，有时似乎还隐藏着成百上千种看不见的原因。可见的社会现象似乎是巨大的无意识运行机制的结果，而这一运行机制通常是我们无法掌握的。可认知的现象犹如波浪，它们只是海底深处那些我们一无所知的湍流的表象。就群体的大多数行为而言，他们显露出一种令人无法理解的低劣心理；而在另一些行为中，他们似乎受到种种神秘力量的支配，古人称之为命运、自然或天意，我们称之为灵魂之声。我们虽然不明白它的本质，却不能忽视它的威力。在民族的内心深处，有时仿佛有一种潜在的力量在指引着他们。例如，有什么东西能比语言更复杂、更富逻辑、更奇妙呢？如果不是群体无意识特征的产物，这令人赞叹的组织化产物又是从何而来？最有学识的专家、最具威望的语法学家也只不过是指出支配语言的规律，而绝不可能创造出这种规律。甚至伟人的思想，我们能肯定是完全出自于他们的头脑吗？毫无疑问，这些思想来源于独立的头脑，但是，难道这种群体特征提供了成千上万颗尘土，形成了它们生长的土壤吗？

无疑，群体总是无意识的，但或许这种无意识正是其拥有巨大力量的秘密之一。自然界中完全受本能支配的生物所做出的一些行为，其神奇的复杂性令我们惊叹不已。理性是较为晚近的人类才具有的属性，而且尚未达到可以揭示无意识规律的完美程度，要想达到这种程度，仍需更多时日。无意识在我们的行为中起到了巨大的作用，而理性的作用却很小。无意识行为作为一种无名的力量在生活中起着作用。

如果愿意，我们可以一直待在狭小而安全的范围内，在此我们可以通过科学获得知识，而不是徘徊在模糊猜想与无用假设之中，我们必须做的事情就是留心观察我们接触的那些现象并对它们做出思考。一般来说，我们借由观察得出的结论都是不成熟的，因为在这些清楚可见的现象背后，有一些是我们只能隐约观察到的现象，而在它们背后还有一些是我们毫无了解的现象。

导言　群体的时代

目前这个时代的演变——文明的大变革是民族思想变化的结果——现代人对群体力量的信念——它改变了欧洲各国的传统政策——民众的崛起是如何发生的，它们发挥威力的方式——群体力量的必然结果——除了破坏以外，群体起不到别的作用——衰老的文明解体是群体作用的结果——对群体心理学的普遍无知——立法者和政治家研究群体的重要性。

发生在文明变革之前的大动荡，如罗马帝国的衰亡与阿拉伯帝国的建立，乍看是政党更迭、外敌入侵或王朝覆灭造成的。但是，当我们对这些事件进行深入的研究，就会发现隐藏在这些表面原因背后的真实原因——民族思想的深远变革。真正的历史大动荡，不是那些让我们惊骇的宏大、暴力的场面，而是文明的重建，使人们的思想、观念和信仰发生变化。令人记忆深刻的历史事件，不过是由人类思想的无形变化带来的可见后果。这些重大事件之所以鲜有发生，是因为人类种族最稳定的因素，莫过于世代相传的思想根基。

当今时代，正是人类思想发生变革的关键时期。

构成这种变革的基础有两个基本要素。第一是宗教、政治与社会信仰的彻底瓦解，因为文明的所有要素都根植于其中；第二是现代科学与工业的各种发现，创造出了一种全新的生存与思想环境。

旧观念虽已千疮百孔，但仍具有强大的威慑力，取而代之的新观念正在形成之中，因此现在的时代正处于过渡期，局面一片混乱。

这个必然有些混乱的时代最终将发展成什么样子，还很难下结论。继我们生活的社会之后，接下来的社会将建立在怎样的基本理念之上，目前我们无法知晓。但毋庸置疑的是，未来的社会无论以何种方法进行组织，都必须对这股新兴力量，即群体力量，予以重视。因为现在这股力量不仅已经拥有至高无上的权力，还将持久地存在。在过去无可置疑、如今已经腐朽或正在腐朽的众多观念的废墟之上，在权力之源不断遭到革命摧毁的残垣之上，这股崛起的群体力量似乎注定将很快地把其他力量纳入自身体系之中。当古老的信仰解体消亡时，当古老的社会支柱一根根倾倒时，群体力量是唯一一股势不可当的力量，且日渐壮大。事实上，我们即将要进入的就是群体的时代。

在一个世纪以前，欧洲各国的传统政策和君主之间的敌对，是引发各种事变的主要原因。民众的意见对此起到的作用微乎其微，或者说根本不起任何作用。如今却恰恰相反，过去得到承认的各种政治传统、统治者的个人偏向及其相互敌对不再起作用了，民众的声音占据了主导地位，也正是这股声音向统治者传达了民众的心声。统治者的言行必须努力向这股声音所传达的内容靠近。于是，现在国家的命运完全听任于民众的安排，不再受皇室的掌控。

一般平民大众步入政界是过渡期最显著的特征之一，意即他们正日益转变为统治阶层。人们可能以为普选权的实行是这种政治权利转移的显著特征，然而，在很长一段时间内，它并没有产生太大的影响。民众力量的不断扩张始于某些观念的传播。当这些观念慢慢渗透进人们的思想里，致力于实现这些理论想法的个体便逐渐结成团体。也正是通过团体，民众开始获得一些与他们自身利益相关的观念（即使这些利益并不十分

在过去无可置疑、如今已经腐朽或正在腐朽的众多观念的废墟之上，在权力之源不断遭到革命摧毁的残垣之上，这股崛起的群体力量似乎注定将很快地把其他力量纳入自身体系之中。

公正，也有着非常明晰的界定)，并最终意识到自己的力量。之后，他们开始不断地成立各种联合组织，使一个又一个政权对他们言听计从；他们还成立工会，不顾一切经济规律，试图改善工作环境和工资待遇；他们也重返政府议会，那里的议员懈怠、顺从，只是委员会选出来的传声筒，几乎什么事也不做。

今天，民众的要求变得越来越明确，几乎要把现存的社会彻底推翻，企图将社会带回到文明降临之前的原始共产主义。因为那时的人类群体正处于一种正常的状态。他们的要求有：限制工作时间，将矿厂、铁路、工厂和土地国有化，平均分配所有产品，为了民众利益消灭一切上层阶级，等等。

群体不善于思考，却急于采取行动。他们目前的组织使他们的力量日益壮大。我们亲睹其诞生的那些教条，很快将具有旧式教条的效力，即不可置疑且独断至上的力量。群体的神权即将取代君主的神权。

那些与中产阶级意气相投的作家，最能反映中产阶级相当狭隘的思想、僵化的观点、肤浅的怀疑主义以及不时表现出的过度自我意识。这些作家因为看到这股新兴力量正不断壮大而感到不安。为了与人们混乱的思想对抗，他们向过去自己不屑一顾的教会道德势力发出了绝望的呼救。他们说科学已经沦丧，并心怀忏悔地皈依罗马教廷，提醒人们记住那些具有启示性真理的学说。这些新的皈依者忘了，现在为时已晚。假使他们真的感动于神的恩宠，类似的行为也不会对他们的思想产生同样的影响，因为他们并不太关心最近宗教信徒全神贯注的事情。今天群体否定的诸神，早已被其训诫者否定并予以毁灭。没有任何力量能够使河水溯流求源，无论这种力量是来自上帝还是人类。

科学并未沦丧，也从未陷入目前这种思维混乱的状态，而且新兴势力也并非是从这种混乱的状态中产生的。科学向我们预示的是真理，至少是一种以我们的智力可以把握的知识，如有关各种关系的知识。科学从来不是和平或幸福的象征。它高高在上，对我们的感情波动和悲恸无动于衷。我们能做的就是设法适应科学，因为没有任何力量可以恢复被它摧毁的假象。

从所有国家存在的普遍现象中，我们可以发现群体力量正在迅速壮大，根本不容我们做如下理想的设想：群体一定会在不久后停止发展。无论命运为我们预留了什么，我们都必须接受这种势力。一切反对它的说理都只是徒劳无功的空谈。群体力量的出现很可能标志着西方文明即将没落，它可能彻底倒退到混乱的无政府状态，而这是每个新社会诞生的必然前奏。但是，我们有可能阻止这种倒退吗？

迄今为止，彻底摧毁一种衰落的文明是群体最明确的任务。这当然不是今天才能发现的迹象。历史显示，当文明赖以形成的道德力量失去效力时，它的最终瓦解总是由无意识且野蛮的群体来完成，我们完全有理由称他们为野蛮人。文明向来只由少数知识贵族阶级而非群体来创造并掌控。群体只有强大的毁灭力量，他们的统治总是趋向于野蛮时期的统治方式。一种有着固定规章制度和纪律准则、从本能的自发状态进入到自觉的理性状态的文明，属于文化的高级阶段。这种文化的高级阶段决定了群体仅靠他们自身的力量是无法实现上述所有事情的，这点经由群体实践得到了证明。由于群体力量纯粹的破坏性，使他们在文明发展中的作用类似于微生物，或是加速衰弱者死亡，或是促进尸体分解。于是，当文明的大厦开始腐朽时，使它倾倒的总是群体。也正是这个关键时刻，群体的主要任务变得清晰明了。这时，人多势众的原则似乎成了唯一的历史准则。

我们的文明会经历同样的命运吗？这种担心并非毫无理由，但是目前我们还无法做出肯定的回答。

不论答案如何，我们必定会屈服于群体力量。因为群体缺乏远见，这使得可能控制群体的障碍已被一一清除。

当群体逐渐成为谈论焦点时，我们却还对其知之甚少。专业心理学研究者常常忽视群体的存在，因为他们远离群体生活，所以即使他们近来把目光转向群体，也只对犯罪群体加以关注。犯罪群体的确存在，但是我们也会遇到英勇高尚的群体和其他各类群体。犯罪群体只是构成群体心理的某一特定阶段。我们不能仅仅通过研究群体犯罪来了解他们的精神构成，就像我们不能只通过描述个人犯罪来了解个人一样。

实际上，世界上所有的伟人、宗教或帝国的缔造者、信徒、杰出的政治家，甚至小群体的带头人，都是自发的心理学家。他们本能地对群体性格有着确切的了解，也正是因为他们准确地把握了群体的性格特点，故能不费吹灰之力地确立自己的领导地位。拿破仑对其国家的群体心理有着深刻的了解，但是有时他对其他种族的群体心理却一无所知。正是由于这种无知，他征战西班牙尤其是俄国时，使自己率领的军队多次遭受重创。这些致命的打击注定了他会在短时间内走向毁灭。今天，对于那些不想去控制群体（这正变得十分困难），至少不过分受群体所控制的政治家，掌握大众心理学的知识已经成为他们最后的救命稻草。

唯有对群体心理有一定的认识，才能理解法律和制度对他们的约束力是如此的微乎其微，才能理解除了强加给他们意见之外，群体是多么缺乏坚持己见的能力。领导众人，不能采用那些以纯理论公平学说为基础的办法，而要去寻找那些让他们印象深刻、能够诱惑他们的东西。例如，打算新增一项税收的立法者，应该选择理论上最公正的办法吗？当然不是。实际上，对群体而言，也许最不公正的恰恰是最好的。因此，那些隐蔽的、表面看起来负担最小的征收办法，往往是群体最易接受的。所以，无论间接税有多高，总是会被群体接受，因为每天为消费品支出少量的税金不会干扰他们的习惯，况且这种行为是在不知不觉中完成的。用工资或其他任何一种收入的比例税代替间接税，将会造成一次性大笔支出，就算这种新的税收办法在理论上比其他税收办法带来的负担缩小十分之一，仍然会引起群体的抗议。一次性大笔支出会使数额显得巨大，从而引发人们的联想。而不易察觉的多次小笔税金支出，使得新税看起来并不沉重。这种经济行为所涉及的远见，是群体所不具备的。

这是个简单而贴切的例子，人们很容易理解，它当然也没有逃过拿破仑这位心理学家的注意。但是，现代立法者对群体特点的无视使他们无法意识到这一点。经验至今没有使他们充分认识到，群体从不按纯理性的教导出牌。

群体心理学还有许多其他实际应用。掌握这门科学有助于我们更清晰地认识大量历史和经济现象，相反，如果我们对这门科学一无所知，那么我们将无法看透历史。我将指出为何当代著名历史学家丹纳对于法国大革命中事件的看法有时也不完全正确，原因在于他从未研究过群体特征。在研究这一复杂的历史时期时，他用自然科学家常用的描述方法来指导自己的研究，而自然科学家所研究的现象几乎不存在道德因素。然而，道德因素正是推动历史发展的主脉。

因此，仅从实际应用来看，群体心理学是值得研究的。即使完全出于好奇，也是值得关注的。破译人们的行为动机就像确定某种矿物或植物的属性一样有趣。我们对群体特征的研究，仅仅是调查结果的一种简单概括和总结，除提出一些启示性看法外，不要对这项研究抱过多期望，自会有人为它打下更为牢固的基础。今天我们只是对一片几乎没有开垦的处女地表层进行挖掘而已。

第一卷　群体心理

第一章　群体的基本特征

心理学意义上的群体心理构成——群体并不是简单的个体聚集——群体心理特征——组成群体的个体会放弃所有被束缚的东西，其个性也会逐渐消失——群体往往受无意识因素的支配，其思维活动停止，思考能力丧失，情感发生转化——群体的情感转化具有两面性，要么更好，要么更坏——群体在形成过程中有可能产生英雄，也有可能产生罪恶。

从一般意义上讲，“群体”是指个体的聚集体，不管这些个体属于哪个民族、从事什么职业或什么性别，也不管他们出于什么原因走到一起。但是，从心理学的角度来看，群体有着完全不同的含义。在某些既定条件下，且只能在这些条件下，聚集成群的人会呈现出一些新特点，它完全不同于群体中的个体所具备的特点。这群人的观念与想法渐趋于一致，他们自觉的个性逐渐消失，形成了一种群体心理。毫无疑问，这种群体心理是暂时的，但呈现出的特点却是清晰、明确的。于是，这样的个体聚合体成为一个组织化的群体，我姑且如此称之，因为没有更好的说法；又或许心理群体这一名词更为可取。它成了一个单独的存在体，并受群体精神的统一支配。

很明显，仅仅由于一群人偶然发现他们彼此同处一地，并不能使他们获得一个组织化群体的特点。从心理学的角度来看，当一千个人偶然聚集在公共场所，没有任何明确的目标时，根本不足以构成一个群体。要想具备组织化群体的特征，某些前提条件必不可少，我们必须对其性质加以确定。

一个群体向组织化群体转变的首要特征是：自觉个性的消失以及感情和观点的明确转变。因此，组织化群体并不总是需要一定数量的个体同时出现在某个地点。有时在某种强烈情感的作用下，数以千计的孤立个体也可能获得心理学意义上的群体特征，例如民族事件。在这种情况下，一个偶发事件就足以促使他们聚集起来展开行动，从而立刻获得群体所特有的特征。有时，五六个人就可能构成一个心理群体，而偶然聚集在一起的数百人却算不上。此外，虽然不可能看到整个民族聚在一起，但在某些影响的作用下，它也会成为一个群体。

心理群体一旦形成，便会获得某些暂时而明确的普遍特征。除了这些普遍特征外，它还有一些独有的特征。这些独有特征因群体构成要素的不同而各不相同，而且群体的精神结构也会有差异。所以，心理群体是可分类的。当我们深入研究这个问题时会发现，异质群体（即由不同要素构成的群体）与同质群体（即由宗派、等级和阶层等大体相似的要素构成的群体）会表现出某些相同的特征，除了这些相同的特征外，他们还具备使彼此相区别的独有特征。

在深入研究不同类型的群体之前，我们必须首先考察他们的共同特点。我将采取自然科学家的研究方式：一般先描述一个种的全体成员的共同特点，然后再研究其中各科相互区别的独有特征。

群体心理不易被精确地描述，因为它的组织不仅因种族和构成方式的不同而不同，并且会随群体所受刺激的性质和强度不同而改变。不过，个体心理学的研究也会遇到同样的问题，因为个体性格终其一生保持稳定性的例子只有在小说中才会出现。只有环境的稳定性，才会形成明显的性格稳定性。我曾在其他著作中指出，一切精神结构都内含着性格变化的各种可能性，环境的突然改变会使这种可能性显现出来。这解释了为何法国国民公会中最野蛮的成员之前不过是些谦逊的市民。在正常情况下，他们会是温和的公证员或高尚的地方官。风暴过后，他们又恢复了市民安分守己的本性。拿破仑在他们之中找到了最温顺的臣民。

我们不可能全面研究不同程度所组织起来的群体，我们只能更专注于那些已经完全达到组织化程度的群体。如此我们就能看到群体的发展趋势，而非他们一成不变的样子。因为只有在发达的组织化基础上，种族所具有的稳定与主要特征才会被赋予某些新的特点。这时，群体中所有人的看法与观念都会转向同一个方向。也只有在这种情况下，我在前文提到的群体精神统一的心理规律才开始发生作用。

在群体心理特征中，有些特征与孤立的个体是相同的，而有些特征则完全为群体所特有且只能在群体中看到。这些特征正是我们首先要研究的，以便揭示其重要性。

心理群体最显著的特征是：无论是谁构成群体，也无论他们的生活方式、职业、性格或智力水平是否相同，他们成为一个群体的事实使之获得了一种集体心理。与他们处于孤立的个体状态相比，这种集体心理使他们的情感、看法以及行为方式变得与平时截然不同。若不是形成了一个群体，某些观念或看法在个体身上根本不会产生，或根本不会付诸行动。心理群体是一个由各种要素构成的暂时现象，当他们聚集在一起时，就如同细胞重新组合构成新的生命体一样，其表现出的某些特点与单个细胞所具有的特点大不相同。

令人惊异的是，与哲学家赫伯特·斯宾塞的观点相反，构成群体的人们不存在构成因素的总和或平均值。实际情况是，随着某些新特点的产生而形成了一种新的组合体，像是某些化学元素，如碱和酸，反应后生成一种新物质一样，它的特性与使之形成的那些物质特性相比，已大为不同。

证明群体中的个体不同于独立的个体并不困难，但要找出这种不同的原因却并非易事。

要想对其有一个大致的了解，首先必须记住现代心理学所主张的真理——无意识现象不仅在有机体活动中，也在智力活动中起着绝对重要的作用。与精神活动中的无意识活动相比，有意识活动只起着很小的作用。即使是最细心的分析家和最敏锐的观察家，也只能找出支配人们行为的无意识动机的一小部分原因。我们的有意识行为是无意识的深层心理结构的产物。这种深层心理结构主要受遗传因素控制，包含了无数世代相传的共同特点，构成了种族特征。在我们公开的行为动机背后，必然有一些我们不愿透露的原因。而在这些隐藏的原因之下，还有许多连我们自己都不知道的原因。我们大部分的日常行为，都是由这些我们自己毫无察觉的动机引起的。

正是构成种族特征的无意识因素，使种族中的个体彼此相似。然而，因为遗传因素而形成的有意识因素，或者是通过教育获得的有意识因素，使种族中的个体彼此相区别。智力差异较大的个体，往往拥有十分相似的天性、爱好与情感。任何涉及情感的事情，如宗教、政治、道德、爱憎等，即使最杰出的人士也很少比普通人处理得更出色。在智力上，一位伟大的数学家与鞋匠之间也许有着天壤之别，但在性格上，他们的差别往往微乎其微或毫无差别。

准确地说，种族中的大多数人在同等程度上都具备这些普遍的性格特质，它们受无意识因素的支配。正是这些特质构成了群体的共同特征。在群体心理中，个体才能的弱化导致了个性的趋同。异质性被同质性吞噬，无意识占了上风。

群体共有的一般品质导致他们无法完成高水平的工作。涉及普遍利益的决定是由精英团体组成的议会做出的，但是来自不同行业的专家们并不比一群傻瓜所做出的决定更高明。因为他们只能用每个普通人与生俱来的一般能力来处理手头的工作。群体中累加在一起的往往是愚蠢而非天生的智慧。如果我们把整个世界理解为群体，那么根本不像人们常说的那样，整个世界比伏尔泰更聪明，确切地说应该是伏尔泰比整个世界更聪明。

如果群体中的个体仅仅把他们共有的一般品质集中在一起，那么只会带来明显的平庸，而非我们实际上想象的——会创造出新的特点。那么，这些新特点是如何形成的呢？这正是我们现在要研究的重点。

不同的因素决定了群体独有特征的表现，而且不受任何个体的支配。首先，仅从人数上考虑，当个体成为群体中的一员时便获得了一种不可战胜的力量，这股力量使他听任本能的支配。而当他独自一人时，他必将竭力压制这种本能。因为群体无名无姓，他难免会认为以群体之名便无须承担任何责任，一直以来约束着他的责任感便随之全部消失。

其次，相互传染的现象同样影响群体特征的表现及发展方向。相互传染是一种易于形成却难以解释的现象。我们必须将其看作是一种催眠的方式，以下是一个简要的解释：在群体中，每种情绪与行为都具有传染性，这种传染性可以使个体甘愿为集体牺牲个人利益。这种能力与其本能相悖，如果不是成为群体中的一员，他几乎不可能具备这样的能力。

再次，也是目前为止最重要的原因，它决定了群体中的个体特征有时会与独立的个体特征截然相反。这里我指的是群体容易接受暗示的特征，它恰好是上述的相互传染的结果。

要想理解群体的暗示性，我们必须记住近来的某些心理学发现。我们知道，现在有许多方法可以使一个人陷入完全失去个人意识的状态，从而对使其失去个人意识的暗示者言听计从，并做出一些与本人性格、习惯相对立的行为。最细致的观察资料似乎已经证明，当个体融入群体活动一段时间后，很快会发现自己陷入了某种特殊状态。这种现象的出现可能是受到群体暗示的影响，可能是因为一些我们不曾在意的原因。这种状态好比催眠者进行催眠时，被催眠者像着了魔似的听任催眠者摆布。就被催眠者而言，他的大脑活动暂停了，脊髓神经控制的无意识活动主宰了他，因而受到催眠者的随意支配。有意识人格完全消失，意志力与判断力荡然无存，所有情感与思想都被催眠者掌控。

从大体上看，心理群体中的个体也处于相似的状态。他的行为不再是自觉的，如同受到催眠的人一样，在某些能力丧失的同时，其他能力则得到极大的强化。受暗示作用的影响，个体会在难以抗拒的冲动下采取某种行动。群体中形成的冲动比被催眠者受到的冲动更加难以抗拒，原因在于暗示对群体中的所有成员都有着相同的作用，并经由相互传染扩大影响。群体中具备强大个性、足以抵抗暗示作用的个体数量极少，因此难逆大势。他们最多尝试用不同的暗示来扭转

心理群体中的个体受群体暗示的影响，其行为不再是自觉的，如同受到催眠的人一样，在某些能力丧失的同时，其他能力则得到极大的强化，会在难以抗拒的冲动下采取某种行动。

方向。因此，有时一句令人愉快的话语、一个适时唤起的形象，就可以阻止群体最残暴的行为。

因此，我们总结出了群体中个体主要具备的特征：有意识人格的消失，无意识人格的突显，借由情感与观念的暗示作用与相互传染，使所有个体朝同一个方向转变并立即将暗示转化为行动。这些群体中的个体不再是原来的自己，而是变成了不再受个人意志支配的玩偶。

再者，仅就个体成为群体成员的事实而言，他已在文明的阶梯上倒退了好几步。因为，当他独立存在时可能知书达理，但成为群体的一员后，他却变得野蛮无知，成为行为受本能控制的动物。他变得无法自制且残暴无比，表现出原始人类的狂热与无畏。与原始人类更为相似的是，他易受某些话语和形象的影响，而当他独立存在时，这些话语和形象完全不起作用。他也更容易做出一些与切身利益和日常习惯截然相反的行为。群体中的个体，仿佛空气中的尘埃，可以被风吹到任何地方。

基于上述原因，我们看到陪审团做出了陪审员个人会反对的判决，议会通过了独立议员会反对的法律法规。法国大革命时期，国民公会的委员各自独立时，都是性情温和的开明公民，然而一旦结为群体，他们就会毫不犹豫地拥护最野蛮的提议，将清白无辜的人送上断头台。他们会一反常态，放弃自己神圣不可侵犯的权利，将自己极度弱化甚至毁灭。

群体成员不仅在行为上与本人有着根本的区别，甚至在他完全失去独立性之前，他的观念与情感就已经发生了转变。这种转变是巨大的，大得可以使守财奴变得挥霍无度，怀疑论者变得虔诚笃信，诚实正直的人变得如罪犯般穷凶极恶，懦夫也变得英勇无畏。例如 1789 年 8 月 4 日那个令人难忘的夜晚，法国贵族一时冲动，全体表决通过放弃自己的所有特权。然而，如果换成任何一个贵族单独决定这件事，他们每个人绝对不会同意这样做。

因此我们可以得出结论：智力上，群体总是不及独立的个体，但是从情感及其引起的行为来看，群体可能比独立的个体更好也可能更糟，这完全取决于环境。一切都取决于群体所受的暗示的性质，这就是仅从犯罪角度研究群体的学者完全忽视的一点。确实，群体经常会罪行累累，但也不可忽视其不乏英勇无畏的壮举。正是群体而非个人，会为了某种信条或思想的胜利，不顾生命、满怀热情地追求荣誉。这就像十字军东征时期在几乎弹尽粮绝的情况下，仍然向异教徒讨还基督的墓地，或者像 1793 年那样捍卫自己的祖国。这种英雄主义无疑是无意识的，然而正是这种无意识的英雄主义铸造了历史。如果人类只是沉着冷静地建功立业，世界史上便不会保留太多关于他们的记载。

第二章　群体的情感和道德观

1. 群体的冲动、善变和急躁

任何外面刺激因素都能支配群体，使其特征具有不断变化的倾向——群体易产生冲动——使群体产生冲动的力量尤为专横，通常会使个体利益受到损害——群体通常缺少预先谋划的能力——种族的影响。

2. 群体的易受暗示和轻信

群体往往具有服从暗示的特征——群体具有把能够激起幻觉的暗示现象当成现实的倾向——这些幻象对每一个群体成员的作用都是一样的，原因是所有成员的地位都是一样的，并受同一个信仰的支配——事实证明，幻觉控制着群体中的所有个体——此观点在历史著作中的作用不值一提。

在概括性地说明了群体的主要特征之后，还要对这些特征的细节进行研究。

我们应当注意到，冲动、暴躁、缺乏理性、没有判断力与批判精神、态度极端等群体特点，几乎在女性、野蛮人和儿童等生命体中都可以发现。这一点我只是顺便提及，本书将不对此进行论证。因为这不仅对那些熟悉原始人类心理的人没有多大意义，也很难使对此一无所知的人信服。

下面我将依次探讨出现在大多数群体中的不同特征。

1. 群体的冲动、善变和急躁

我们在研究群体基本特征时曾经表示，群体几乎只受无意识动机的支配。它的行为主要是受脊髓神经而不是大脑中枢神经的影响。就这一点而言，群体与原始人类十分接近。就群体执行力而言，他们可以表现得近乎完美。但是，这些行为也不是受大脑控制，而是由其所受到的刺激因素决定。所有的外部刺激因素都对群体有着决定性的影响，并且他们的反应总是在不停地变化，具体表现在他们不断改变的言行上。群体是冲动的奴隶。与群体成员一样，独立的个体同样会受到这种刺激的影响，但是他的大脑会告诉他不要冲动，这是不明智的，因此他会控制自己而不受冲动影响。如果从心理学角度来解释这种现象，就是独立的个体具备控制本能的能力，而群体则缺乏这种能力。

根据群体受到的刺激不同，他们听从的冲动可能是仁慈或残暴的，也可能是英勇或怯懦的。但是有一点不变，这些冲动总是极为强烈，就连个人利益甚至自我保护意识都无法控制它。群体受到的刺激因素五花八门，并且总是屈从于这些刺激，因此群体极端善变。这就解释了群体为什么会在瞬间由凶猛残暴变得英勇仁慈。群体既可以充当刽子手屠杀生灵，也可以如烈士般英勇就义。他们可以为了信仰的胜利，不惜血流成河。若想见证群体做出的种种壮举，我们不必重返英雄时代。起义中他们毫不在乎自己的生命，就像是不久前，一位声名鹊起的将军（译注：指布朗热将军）轻易地赢得了上万人的支持，这些人为了他的事业不惜赴汤蹈火。

因此，群体在行事之前绝不可能做出任何计划。他们可以被前后完全矛盾的观点所激发，但又总是受到当前刺激因素的影响。他们仿佛是被狂风卷起的树叶，四处飞散后又飘落地面。下面我们将研究革命群体，并通过一些例子来证明群体态度的易变性。

群体的易变性使他们难以控制，尤其当他们掌握了一定的公共权力时更是如此。当日常生活中的各种必然规律不再具备潜在的调控力时，民主便不可能维持。群体虽然有着各种狂乱的想法，但却无法持久。因为群体无法做出任何长远的打算或思考。

群体不但冲动、善变，而且野蛮、暴躁。人们从未想过有什么事情或者人可以阻碍其欲望的实现。人数上的优势使他们觉得自己无所不能，所以他们不太能理解这种障碍。对群体成员而言，没什么是不可能的。而独立的个体则清楚地知道，孤身一人时他不可能纵火焚烧宫殿或抢劫商店，即使有了这样的念头他也能轻易摆脱。但成为群体的一员后，他会意识到群体赋予他的力量，这足以唤起他杀人抢劫的念头并立即付诸行动。任何意料之外的障碍都会被他们狂暴地摧毁。人类确实可以产生大量的激愤情绪，或许可以这么说，群体欲望受阻的正常状态正是这种激愤的状态。

种族的基本特点是我们对事物产生不同态度的不变来源，它一直影响着群体暴躁、冲动和善变的性情，就像它一直影响着我们必须研究的民意一样。所有群体都是暴躁的、冲动的，但程度却大有不同。例如，拉丁人的群体和英国人的群体之间就存在明显的差异。有关这一点，最近的法国历史事件为其提供了十分生动的说明。25 年前，据说一份有辱某位大使的电报被公布后，引发众怒，立即导致了一场可怕的战争。几年后，关于谅山一场无足轻重的失败战役的电文再次引起轩然大波，结果导致政府立即垮台。与此同时，英国在远征喀土穆时遭遇了一次相当严重的失败，但在英国国内只引起了轻微的情绪波动，没有任何一位政府官员受到牵连而被革职。任何地域的群体都有些女性特质，其中以拉丁族群最为显著。凡是对它们深信不疑的人，命运都会发生极大的改变。但是，这样做无异于行走在悬崖边缘，注定有一天会掉进深渊。

2. 群体的易受暗示和轻信

在定义群体时我们曾提到，它的一个普遍特征是极易受人暗示，我们还指出在一切人类群体中暗示的传染性所能达到的程度。这解释了群体态度为何能迅速朝某个方向转变的原因。通常，群体总是在期待中关注某事，因此很容易受到暗示，尽管人们认为这一点无关紧要。最初的暗示经过相互传染后，进入群体所有成员的大脑，使得群体态度趋于一致，并很快成为既定事实。

当所有个体处于暗示作用的影响下，进入大脑的念头很容易转化为行动。无论是纵火焚烧宫殿还是自我牺牲，群体都会毫不犹豫。这一切取决于刺激的性质，而不像独立的个体取决于受到暗示的行为与全部理由之间的关系，两者的关系可能互相对立。

因此，群体永远徘徊在无意识边缘，随时接受一切暗示的指挥。他们表现出所有强烈的情感，这种情感是缺乏理性、批判力且极端轻信的人所独有的。我们要牢记对于群体而言没有什么是不可能的，这样就容易理解群体为什么会有编造并传播各种神话故事的能力了。群体中之所以能够轻易地传播神话，不仅源于他们极端轻信，也是他们奇思妙想、过度歪曲的结果。一件最简单的事情受到群体关注后，很快就会变得面目全非。群体通过形象思维将一连串毫无逻辑的形象唤起，就如同我们有时因为回想某件事情而引发一连串的联想一样。群体的这种状态很容易被理解。理性告诉我们，这些联想是零散且不连贯的，而群体不仅无视这一事实，还将扭曲的想象与真实相混淆。群体很少对主观和客观的概念加以区分，它把脑中出现的虚幻形象当作现实，尽管这些假象常常与我们看到的事实之间仅有一丝微弱的联系。

由于群体成员的性格各不相同，他们歪曲自己所见事情的方式也应该不计其数，但情况并非如此。由于相互传染的结果，这种歪曲是一致的，并在群体所有成员中呈现相同的形态。

群体成员对事实的第一次歪曲是传染性暗示过程的起点。当耶路撒冷墙上的圣乔治出现在所有十字军官兵面前时，在场的人中肯定有一个人首先感应到了他的存在。在暗示和相互传染的作用下，这个人编造的奇迹会立即被所有人接受。

这种集体幻觉的作用机制在历史进程中经常发生，这种幻觉似乎具备了真实性的所有特点，因为成千上万人亲眼见到了这些现象。

要想反驳上述言论，无须考虑群体成员的智力因素。因为自从他们成为群体的一员那一刻起，有识之士便与无知之辈同样失去了观察力。

这一论点似乎自相矛盾。要使人们深信不疑，必须对大量历史资料进行研究，仅凭几本著作是不可能达到预期效果的。

然而，我不希望读者觉得这些结论是未经证实的。下面我要给读者举几个例子，它们都是从无数可以引用的事例中随机挑选出来的。

下面这个例子极具典型意义，因为它是发生在受集体幻觉支配的群体身上的事实。该群体成员来自各个阶层，个人素质参差不齐，既有最无知的人，也有最博学的人。海军上尉朱利安·菲利克斯斯曾在他的《海流》一书中偶然提及过此事，《科学杂志》也曾经引用过。

护航舰“贝勒·波拉”号在公海巡航，寻找在风暴中失散的巡洋舰“波索”号。当时天气极好，阳光明媚，一个守卫突然发出了有船只遇难的求救信号。全体船员一齐朝信号指示的方向望去，清楚地看见一只载满遇难者的木筏被几条发出遇难信号的船只牵引着（然而这不过是集体幻觉）。舰队司令德斯弗斯命令船员放下一只船去营救遇难士兵。在接近目标时，船上的官兵看到这样一幅景象：到处是伸着双手求救的人，而且隐约听见人们发出的混杂不清的哀号声。但是，当他们到达目标时，才发现面前漂浮的不过是从附近海岸漂来的几根长着叶子的树枝。在真切的事实面前，幻觉消失了。

在这个案例中，我们可以清楚地看到集体幻觉的作用机制：一方面，船上的官员在期待中关注某件事；另一方面，守卫发出船只失事的信号，这一暗示在相互传染后，被在场的全体官兵所接受。

当眼前发生的事实遭到歪曲，真实被无关的幻觉取代时，并不需要人数众多的成员参与这一过程。一旦少数个体聚集成

护航舰“贝勒·波拉”号在接近救援目标时，船上的所有士兵看到远处那只载满遇难者的木筏上都是伸着双手求救的人，可是当他们到达目标时，才发现漂浮的只是从附近海岸漂来的几根长着叶子的树枝。在真切的事实面前，幻觉消失了。

群，他们会立刻呈现出除其专长之外，属于群体的所有特征，即使他们一个个学富五车，其作为独立个体时所具有的观察力、批判精神也会立即消失。敏锐的心理学家大卫对此提供了一个有趣的例子，十分恰当地阐释了这一现象，最近曾被《心理学年鉴》引用。大卫把一群杰出的观察家召集起来，其中包括英国最著名的科学家之一华莱士。他让观察家们检查完物体并按照他们的意愿对物体做好标记后，当众演示了招魂术——让刻在岩石上的神灵现形，然后让他们写下观察记录。在随后的报告中，这群杰出的观察家一致认为这种现象只有通过超自然的手段才能实现，而大卫则表示他不过是用了点小把戏。叙述这一事例的作者指出：在大卫的研究中，最令人吃惊的特点不是神奇的骗术本身，而是外行的目击者极度缺乏说服力的报告。他说："很明显，这些目击者都给出了有充分细节但却无法证实的完全错误的描述，但如果他们的描述被认为是正确的，那么他们所描述的现象就不能用骗术解释。"大卫的方法简单得让人感到吃惊，但是他能够控制群体思想，让群体相信他们看见了自己没有看到的东西。这个事例所说的仍然是催眠者控制被催眠者的魔力。而且当这种魔力对那些思维逻辑较强或原先抱有怀疑态度的人都可以发挥效力时，普通群体为何会轻易上当受骗就不难理解了。

类似的例子还有很多。当我在写这些文字的时候，报纸上充斥着两个小女孩在塞纳河溺水身亡的报道。最初，五六个目击者信誓旦旦地说，他们清楚地看到了那两个女孩。所有的证词完全一致，不容法官再有任何疑虑，于是签署了死亡证明。但就在为孩子举行葬礼时，人们发现本以为死了的孩子还活着，并且她们和溺死的女孩并无多少相似之处。就像之前提到的几个案例一样，第一个目击者本身就是幻觉的牺牲品，他的断言足以影响其他目击者的判断。

在这类事例中，暗示的起点通常是由个人模糊的回忆而引起的幻觉，当最初的幻觉得到肯定后，就会开始相互影响。如果第一个目击者不那么坚持自己的观点，除去所有与真实相似的地方，当他自认为辨认出的尸体呈现出某些使其联想到另一个人的特征时，如一道伤疤或是一些打扮上的细节，就会使他摇摆不定。当这种联想变得清晰具体时就会干扰理解力，麻痹一切判断力，并成为这一过程的核心。所以，目击者看到的不再是事物本身，而是在他脑海中唤起的幻觉形象。这就解释了近来被报纸重提的旧闻，母亲为什么会认错孩子的尸体。在这种现象中，我们可以准确地找出上述幻觉作用机制中的两种暗示。

那个男孩认出了这个孩子，但他弄错了。接着，一系列毫无根据的辨认就展开了。

一件特别的事情发生了，就在那个男孩辨认出尸体的第二天，一个妇女惊叫道："天哪，那是我的孩子！"

她去认领尸体时，先是仔细检查了孩子的衣服，接着发现孩子的额头有一道疤。她说："这肯定是我的儿子，他是去年七月失踪的，他一定是被人拐走害死的。”

这位妇女是福尔街的看门人，姓夏凡德雷。她的表弟也被传唤来了，而且他也确信那就是小费利贝。住在这条街上的几个人都把这个在拉弗莱特发现的孩子认作是费利贝·夏凡德雷，其中还有孩子的老师，他是根据孩子佩戴的奖章做出判断的。

然而，邻居们、表弟、老师以及孩子的母亲都错了。六周后，这个孩子的身份得到了确认。他是波尔多人，是遇害后被一伙人运到巴黎的。

值得注意的是，类似的误认常常发生在妇女和儿童身上，也就是最没有主见的人身上。他们的表现说明，这种目击者在法庭上丝毫没有价值。尤其是孩子，绝不能对他们的证词信以为真。地方法官总是习惯性地认为孩子不会撒谎，只要他们有点心理学常识就会知道，事实恰恰相反，孩子经常撒谎。这种谎言虽然是无心的，但它依然是谎言。正如经常发生的那样，以一个孩子的证词来决定被告的命运，还不如用掷硬币的方法来得更好。

回到群体观察力的问题上，我们的结论是：集体观察的结果极有可能出错，多数时候它只是个人幻觉，这种幻觉在传染过程中极易影响同伴。无数事实证明，明智的做法是绝对不要相信群体证词。在 25 年前的色当之战中，数千人参与了著名的骑兵进攻，然而基于那些互相矛盾的目击者证词，根本无法确定是谁在指挥战役。英国将军吴士礼爵士在最近出版的书中证明，时至今日，关于滑铁卢战役中最重要的事件上仍然存在十分严重的错误，尽管这些事件的真相已经由数百名目击者所证实。

这些事实显示出群体证词的价值。各类逻辑学专著都得到了无数证人的一致同意，这些证词都是支撑事实真相的最强有力的证据。然而，就我们掌握的群体心理知识而言，逻辑学专著在这一点上需要重写。最受怀疑的事件一定是那些目击者最多的事件。也就是说，当某一事件得到了数千名目击者的证实，真相与公认的报道通常相去甚远。

很明显，上述种种现象表明，史学著作只能被当作纯粹想象的产物。它们是对一知半解的事实做出自以为是的记述，再加上一些思考后得出结论。写这种东西无异于浪费时间。如果历史没有留下文学、艺术和其他方面的传世巨作，我们根本不可能了解历史真相。像赫拉克利特、释迦牟尼或穆罕默德这些在人类历史上举足轻重的人物，在历史记录里有关他们生平的记录有一句是真的吗？很可能一句都没有。事实上，他们的真实生平对我们来讲起不了什么作用。我们关心的是这些伟人在大众神话中呈现出什么样的高大形象。因为对群体心理产生影响的是神话中不朽的英雄，而非现实中一时的英雄。

遗憾的是，虽然书中明确记录了各种神话故事，但是它们本身仍在不断发生变化。随着时光的流逝，尤其是受种族因素的影响，群体的想象力不断改变着这些故事。《旧约全书》中嗜血成性的耶和华与圣德肋撒所爱的上帝有着天壤之别，中国朝拜的佛祖与印度尊奉的佛祖同样也没有多少共同点。

英雄传说因群体想象力改变而使得英雄远离我们，不一定要花上数百年的时间，有时这种改变只需几年的工夫。在我们生活的时代里便可看到同样的事情，一位最伟大的历史传奇人物在不到五十年的时间里经历了数次改变。波旁王朝时期，拿破仑被塑造成一位快乐祥和、向往自由的田园派慈善家及谦卑的友人形象。在诗人笔下，拿破仑必将长期留存在乡村人民的记忆中。三十年后，这位随和的英雄成了一个嗜血成性的暴君，他在篡夺权力、毁灭自由后，为满足一己私欲发动了一场惨绝人寰的大屠杀，使300万人死于非命。现在，我们看到这个传奇人物的故事又有了新的变化。数千年后，未来的学者面对这些自相矛盾的记述，也许会对拿破仑是否存在过发生质疑，如同现在有人怀疑佛祖是否存在一样。在拿破仑身上，学者们看到的是一个光辉灿烂的神话，或是一个赫拉克利特式传奇英雄的发展史。学者们当然能够轻松应对这种变化，因为与今天的我们相比，他们对群体的特征和心理会有更深的了解。他们知道除了神话，历史几乎保存不了什么。

3. 群体情绪的夸张与单纯

群体情感不论好坏，都会呈现出双重性——极端简单与夸张。这一点和许多其他方面一样，当群体成员作为个体出现时，与原始人类极为相似。他们无法对事物做出细致的区分，仅把事情看作是一个整体，而忽视中间的发展过程。任何情感态度的表露，通过暗示和相互传染迅速传播开来，从而强化群体夸张的情感，这样明确得到群体认可的对象就会变得异常强大。

群体夸张而简单的情绪使人们对任何事情都不曾产生怀疑和犹豫。他们就像女性，会一下子陷入极端。怀疑一说出口，立马就会成为不容置疑的证据。厌恶或对立的情绪不会对独立的个体产生很大影响，却会在群体中立刻引起强烈的憎恶。

特别是在异质群体中，其激烈的情感又会因责任感的缺失而得到强化。他们知道即使做错事也不会受到惩罚，而且人数越多，这一点便越肯定。这种由于人数上的优势而一时获得巨大力量的想法，会使群体产生独立的个体所不会有的情绪和行为。群体中愚蠢、无知和心怀嫉妒的人会消除自身卑微无能的感觉，从而产生残忍、巨大的短暂力量。

遗憾的是，群体夸张的情感往往与反面的情绪有关。这些情绪是原始人的天性隔代遗传的残留，孤立且有责任感的个体会因为害怕惩罚而对它们加以克制。因此，群体易于做出极端恶劣的勾当。

但是，这并不意味着群体能在巧妙的影响下，表现出英勇无畏、无私奉献和无比崇高的美德。他们甚至比独立的个体更能表现出这些品质。在研究群体的道德时，我们还将回到这个话题上来。

由于群体惯于夸大自己的情感，所以极易被极端的态度所影响。因此，演说者要想激起群体的某种情感，必须言辞激烈、态度强硬。于是，在公开集会上，演说者总结出了最有效的论说技巧，如夸大其词、妄下断言、反复说明、绝对不采用推理的方式证明任何事情。

此外，群体对自己的英雄同样具有类似夸张的情感。于是，它们往往会夸大英雄表现出来的品德。曾有人正确地指出，群体会要求舞台上的英雄具备现实生活中缺乏的勇气、道德和优秀品质。

当人们在剧院中观察事物时会存有一种特殊的观点，这是颇为重要的一点。这种观点的存在是毋庸置疑的，但是它的衡量标准基本上与常识、逻辑毫无关系。吸引群体的手段显然是低级的，但这也需要特殊才能。想要通过阅读剧本来说明它们成功的原因，往往是不可能的。剧院经理接到剧本时，通常不清楚这个剧本是否能取得成功。要想做出正确的判断，他们就必须站在观众的角度去思考和欣赏。

如果再做一次更广泛的说明，我们应该要提及种族因素的绝对影响力。一部在某个国家掀起群体热潮的戏剧，在另一个国家却极可能惨淡收场，毫无成功可言，或者仅仅取得部分且传统的成功，因为它不具备影响不同种族人民的影响力。

群体的夸张性只表现在情感方面，对智力没有任何影响，这一点无须更多的说明。我曾指出，个体一旦成为群体成员，其智力水平会立刻大幅度降低。一位有学识的地方官员塔尔德，在研究犯罪群体时也证实了这一点。所以，群体的情感要么无比崇高，要么极其低俗，没有其他可能。

4. 群体的偏执、专横和保守

群体只知道简单而极端的情感。他们对待各种意见、思想和信念，不是全盘接受，就是一概否决；不是视其为绝对真理，就是视其为绝对谬误。通过暗示加以诱导而不是通过推理得出信念，通常也是如此。我们意识到，这种偏执常常与宗教信仰有关，并绝对控制着人们的思想。

一方面，群体不知道何为真理、何为谬误；另一方面，由于他们意识到了本身力量的强大，于是让自己的突发奇想变得偏执而专横。个体能够接受矛盾并展开讨论，而群体绝不可能。在公开集会上，演说者哪怕有丝毫要提出辩驳的迹象，立刻就会遭到群体的怒吼和痛骂；如果演说者继续坚持自己的观点，很快就会被拳打脚踢地赶下台。如果没有当权者的代表在场加以管制，反驳者大多数时候会被打死。

专横与偏执是所有类型的群体的共性，只是程度有所不同。在这个方面，支配人类情感与思想的种族概念会一再地显现出来。尤其在拉丁族群中，专横与褊狭已经发展到无以复加的地步。

实际上，这两种态度在拉丁族群中的发展，已经完全破坏了盎格鲁-撒克逊人强烈的个人独立感。拉丁族群只关心其所

在公开集会上，演说者哪怕有丝毫要提出辩驳的迹象，立刻就会遭到群体的怒吼和痛骂；如果演说者继续坚持自己的观点，很快就会被拳打脚踢地赶下台。

属宗派的集体独立性。所谓的独立性是指：让那些与拉丁族群信仰相左的人立刻改变其信仰，皈依于他们的信仰。自宗教法庭统治时期以来，在不同的拉丁种族中，各个时期的雅各宾党人（编按：法国大革命时期的资产阶级激进分子）从来没能对自由做出另外一种解释。

群体对专横而褊狭的情感有着明确的认识。他们能轻易地产生这种情感，一旦这种情感被强加于群体，他们会立刻将其付诸实践。群体对权势顶礼膜拜，却对慈悲的心无动于衷，他们认为这是软弱的表现。他们对行事温和的主人不屑一顾，对严厉欺压他们的暴君却俯首帖耳。因此，群体总是会为后者立起最宏伟的塑像。但是也不可否认，群体喜欢践踏被他们推翻的暴君，因为失去权力后，曾经的君主变成了一介草民；群体蔑视他，因为他不再让人感到害怕。群体爱戴的英雄永远像恺撒一样。他的权杖吸引着他们，他的权威震慑着他们，他的利剑让他们心存敬畏。

群体随时准备对软弱无能者揭竿而起，对强权统治者俯首称臣。如果强权势力时起时落，群体总会受到极端情绪的左右而表现得反复无常，时而肆无忌惮，时而卑躬屈膝。

然而，如果认为群体的革命本能永远占据其生命的主导地位，那就完全误解了他们的心理特征。这是因为他们的暴力倾向蒙骗了我们。一般而言，他们反叛与破坏行为的爆发总是十分短暂，群体主要受无意识因素的控制，因而很容易屈从于世俗的等级制度，难免会十分保守。如果对他们听之任之，他们很快会厌倦这种混乱无序的状态，从而本能地受别人支配。当拿破仑压制了一切自由，让每个人都强烈感受到其铁腕政策时，向他欢呼喝彩的正是那些桀骜不驯的雅各宾党人。

如果不充分考虑群体深刻的保守本能，就很难理解历史，尤其是人民革命。的确，他们有时希望改朝换代，为了完成这种变革，他们甚至会发动暴力革命，但是这些制度的本质在很大程度上仍然代表着种族代代相传的需求，从而使种族完全遵循这些制度。群体的多变性决定了其行为只会对一些表面的事情产生影响。事实上，群体和原始人类一样有着坚不可摧的保守本能。他们对一切传统有着绝对神圣的尊崇，对一切有可能改变其生活状态的新事物，内心却深藏着无意识的恐惧。在纺织机、蒸汽机和铁路诞生的时代，如果民主派人士掌握着他们今天拥有的权力，这些发明可能不会出现或者需要通过革命和不断的杀戮来实现。对于文明的发展进步而言，值得庆幸的是，在伟大的科学发明和工业出现之后，群体才开始掌握权力。

5. 群体的道德观

如果“道德”是指始终如一地尊重某种社会习俗，不断抑制内心自私念头的出现，那么很明显，冲动而善变的群体不可能具备道德。相反，如果我们把群体某些一时表现出来的品质，如自我控制、自我牺牲、公正无私、献身精神和追求平等也纳入“道德”的范畴，那么，我们可以肯定地说，群体会时常表现出十分崇高的道德境界。

少数研究群体的心理学家仅从群体的犯罪行为对他们进行考察，在总结他们的犯罪频率后得出了一个结论：群体的道德水平十分低下。

情况确实常常如此。原因何在呢？这主要是源于原始时代的野蛮、破坏性的本能一直蛰伏在我们体内。独立的个体，听从这种本能是很危险的，但是当他成为不负责任的群体成员时，因为不用担心受到惩罚，他会完全放任这种本能。一般情况下，我们不能向自己的同胞发泄这种破坏性本能，所以便将其转移到动物身上。群体捕猎时普遍存在的狂热与残暴有着同样的根源。群体缓缓杀死一个毫无防御能力的受害者时，表现出一种十分怯懦的残暴。在哲学家眼里，这种残暴与几十个猎人为了取乐，用猎犬捕杀一只不幸的雄鹿时表现出的残暴有着密切的联系。

群体有时杀人放火，无恶不作，但有时也会有无私奉献、勇于牺牲以及公正无私等十分高尚的举动，而且比独立的个体表现得更加崇高。以名誉、光荣和爱国主义相号召，最有可能打动群体，并常常使他们不惜生命，慷慨赴义。历史上像十字军远征和1793年的志愿者的例子不胜枚举。可见，只有集体能够如此大公无私，勇于奉献。群体为了自己了解甚少的信仰、思想和只言片语，便敢于直面死亡，这样的事例数不胜数。比如群体罢工，更有可能是出于服从某个指令，而不是为了增加维持生计的微薄薪水。私人利益很少能够成为群体行为的强大原动力，但却是独立的个体唯一的行为动机。所以，在许多以群体的智力无法理解的战争中，支配着众人的肯定不是个人利益——他们甘愿自己像一只被猎人施了催眠术的小鸟一样，轻易地被人宰割。

甚至在一群十恶不赦的坏蛋中，也常常会出现这样的情况：他们成为群体成员之后，会暂时表现出对道德纪律的严格服从。丹纳让人们注意这样一个事实：参与“九月惨案”的犯罪者将他们从受害者身上找到的钱包和珠宝放在会议桌上，他们本来可以轻易地将这些东西带走。1848 年革命期间，当杜伊勒利宫被侵占时，一群衣衫褴褛的人咆哮聚集在此，但是没有一个人私自侵吞那些让人惊喜不已的物品，尽管其中任何一件东西都可以换取维持多日的食物。

群体对个人的这种道德教化作用，势必不是一种不变的常规，而是一种可以看到的常态。甚至在不及我方才所提的那样严重的情况下，也会看到这种道德教化的作用。我曾提到剧院里的观众要求作品中的英雄具备超凡的美德，其实在现实生活中也有这样的事情，比如在某个集会中，即使其成员素质低下，他们通常会表现得道貌岸然。在某些危险的场合或交谈中，浪荡子、皮条客和大老粗往往会突然变得轻声细语，即使与他们惯常的谈话相比，这种场合不会造成什么伤害。

虽然群体常常纵容自己的低劣本能，但也会不时地树立高尚道德的行为典范。如果为了真实或虚幻的理想，能够做到公正无私、言听计从、无私献身等美德，那么我们认为就连最睿智的哲学家也无法企及。当然，他们践行这些美德是无意识的，但也无关紧要，我们不该多加指责其过多的无意识支配而不善于思考。在某些情况下，如果他们开始思考并考虑起自身利益，那么我们的星球上根本不会出现文明，人类也不会拥有历史。

第三章　群体的观念、理性与想象力

1. 群体的观念

群体的基本观念和附属观念——彼此矛盾的观念可以同时存在的原因——一切观念必须转化成高端的思想才能被群体认可——观念所包含的事实决定着它们对社会的影响力。

2. 群体的理性

理性左右不了群体——群体理性只是一种低级指令——群体与观念的接触只是表面的相似或更替。

3. 群体的想象力

群体想象具有一定的爆发力——群体在想象中进行思考，而且这些想象没有一点联系——虚构神乎其神的传说是群体最令人称道的想象力，文明的真正支柱正是这种神乎其神的创作——自古以来，政治家们都以群体的想象力作为其权力的基石——群体想象的内容可以依据群体观察的结果不断进行矫正。

1. 群体的观念

过去我在研究群体观念对各国发展的影响时曾经指出，每一种文明都是由少数且稳定的基本观念结合而产生的，而且这些观念很少受到革新的影响。此外，我也提及了这些观念是如何深入民心、影响这一过程有多么困难，以及这些观念一旦付诸实施会具有多么强大的力量。最后我总结出，历史大动荡往往就是由于这些基本观念发生变化造成的结果。

我们已经详尽地论述了这些问题，因此我不想再多做论述。下面我只想简单谈谈群体是如何接受这些观念以及这些观念的表现形式。

这些观念分为两类：一类是由于一时的环境影响而偶然引起的短暂观念，比如让某个人或某种学说着迷的观念。另一类是基本观念，环境因素、遗传规律以及公众舆论使这类观念极具稳定性，就像过去的宗教信仰以及今天的社会主义、民主思想一样。

如今，曾被我们的祖辈们视为精神支柱的伟大的基本观念，已经变得摇摇欲坠。它们的稳定性已经完全被破坏，同时，建立于其上的制度也受到了严重影响，变得根基不稳。尽管每天都有大量转瞬即逝的次要观念形成，但是它们根本不具备持久的力量，因而无法产生绝对优势的影响力。

无论给群体提供何种观念，只有当这些观念十分绝对、坚定而简单时，才会产生效力。因为只有将这些观念披上形象化的外衣，才能被群体接受。在这些形象化的观念之间没有任何逻辑上的相似性与连续性，它们可以相互取代，就像放映者从幻灯机中取出一张张叠在一起的幻灯片。这就解释了为何最矛盾的观念可以同时存在于群体之中。随着时机的变化，群体可以在其理解范围内的不同观念作用下，做出大相径庭的事情。由于群体缺乏批判力，故无法察觉其中的矛盾。

这种现象不是群体独有的。许多独立的个体，包括原始人类以及在某些智力方面与原始人十分相似的所有个体，如在宗教信仰的狂热信徒身上便可以发现这种现象。我曾经发现受过欧洲大学教育并取得学位的那些有教养的印度人，就令人费解地表现出了这种现象。许多西方观念的形成都是建立在稳定而基本的传统观念或社会观念之上。随着环境的变化，同一个人会表现出种种不同的观念及相应的言行举止，这会使其显得极为矛盾。这些矛盾其实是表面现象，因为只有世代相传的观念才能够影响独立个体的行为动机。只有当种族杂居，一个人处在不同的传统倾向中时，他的行为才会左右摇摆，真正变得矛盾。这些现象虽然在心理学上十分重要，但是于我们无多大意义，因此不再多做说明。在我看来，要想完全理解它们，至少需要花上十年时间周游各地，对它们进行观察。

只有简单明了的观念才能被群体所接受，因此观念只有经过彻头彻尾地改造后，才变得通俗易懂，受到大众的欢迎，特别是当我们遇到有些高深的哲学或科学观念时，为了迎合群体低下的智力水平，我们需要对这些观念进行深刻的改造。这些观念如何改造取决于群体或其所属种族的特点，不过改造的一般趋向是相同的，即将这些观念变得通俗易懂。这也充分说明了一个事实，即从社会的角度来看，现实生活中的观念很少出现等级制度，换句话说，观念很少有高下之分。然而，无论一个观念最初是多么伟大或正确，为了能够被群体理解并对其产生影响，其中崇高而伟大的成分便会被剥夺殆尽。

不过，从社会的角度来看，一个观念的等级价值，其内在价值并不重要，我们考虑的是它产生的效果。无论是中世纪的基督教观念、上个世纪的民主观念，还是现今的社会主义观念，都不能说有多么崇高。从哲学的角度考虑，这些观念只能算是一些令人遗憾的错误，但不可否认，它们具有十分强大的力量，在未来很长一段时间里，它们将是决定各国行动的最重要因素。

但是，即使某种观念经过改造被群体接受了，也要等到它进入无意识范围内，成为一种态度时才能产生影响。这需要很长时间，其中涉及的各个过程将在后文进行探讨。

要知道，一种观念不会仅仅因为具有公正性，就对有教养的人产生影响。要想立刻理解这一点，只需看看即使是最确凿的证据，对大多数人的影响仍是那么微乎其微就知道了。十分明显的证据也许会被有教养的人接受，但是却很快会被无意识的自我重新带回到其原本的观念上。几天后，我们又会看到相同的情景：他们说着完全相同的话，重新提出原有的观点。事实上，他们仍受以往观念的影响，因为这些观念已经成为一种态度。只有这些观念影响着我们言行举止最隐蔽的动机。群体的情况同样如此。

当观念逐渐渗入群体心里时，它便具备了支配群体的无穷力量，并会产生一连串的影响，这时，抵抗就是徒劳的了。引发法国大革命的哲学思想用了将近一个世纪的时间才深入到群体心中。这些思想一旦扎下根来，其不可抗拒的力量就得到了世人的见证。当整个民族为了追求社会平等，实现理论上的权利和理想中的自由奋斗时，所有的王室都危如累卵，西方世界陷入了剧烈的动荡之中。在短短二十年间，各国互相残杀，欧洲出现了连成吉思汗和帖木儿看了都会心惊胆战的大屠杀。世界还从未出现过因一种思想的传播而引起的如此大规模的屠杀行动。

把某种观念植入群体心里需要很长时间，根除它们也同样如此。因此，就观念而言，群体总是落后学者和哲学家好几个世代。今天所有的政治家都十分清楚，前面提到的基本观念中掺杂着错误，但是，由于它们仍具有强大的影响力，政治家不得不依照这些自己不再相信的理念进行统治。

2. 群体的理性

我们不能断言，群体根本不会推理或不受推理的影响。

但是从逻辑上看，他们推理采用的论证以及能够影响他们的论证都十分拙劣，因此，他们所谓的推理只能算是一种简单的类推。

正如高级推理一样，群体的低级推理能力同样以各种观念的联想为基础；不同的是，群体所采用的各种观念之间，只存在表面的相似性或连续性。群体的推理模式类似于因纽特人的处事方式，他们凭借经验认识事物，比如知道冰是一种透明的物体，而且放在嘴里可以融化后，便认为同样是透明物体的玻璃放在嘴里也可以融化；群体又像野蛮人一样，以为吃下勇猛对手的心脏便得到了他的勇气；群体或者又像工人一样，因为受到雇主的剥削，于是立刻认为所有的雇主都在剥削工人。

群体推理的特点是把彼此不同但在表面上又有联系的事情混在一起，然后将具体事物普遍化。知道如何操纵群体的人提供的正是这种论证模式。这也是唯一可以影响他们的方式。群体根本无法理解一连串的逻辑论证。因此从这个角度看，我们可以说群体不擅长推理或只会错误地推理，而且也不受推理过程的影响。在阅读某些演说词时，我们往往会发现很多让人吃惊的破绽，但即使如此，它们对听众依然有很大的影响力。因为这些演说词是用来说服群体，而不是让哲学家阅读的。那些与群体有密切往来的演说者，可以找到各种有诱惑力的想象来吸引众人。如果他做到了这一点，其目的也就达到了。经过深思熟虑的20篇高谈阔论的长篇演讲，往往抵不上能够说服大脑的几句有号召力的话。

对于群体缺乏推理能力而无法表现出任何批判精神，即群体无法辨别是非或无法对任何事情做出准确判断的特点，我想无须再多说。群体接受的判断仅仅是强加给他们的，而绝不是讨论后采纳的结果。在这一点上，许多个体与群体一样。某些观点轻而易举地得到了普遍认同，更多的是因为大多数人感到他们不能根据自己的推理得出结论。

3. 群体的想象力

正如缺乏推理才能的人，群体形象化的想象力不仅非常强大、活跃，而且易受影响。某个人、某件事或某次不测在他们脑海中引发的种种形象，全都栩栩如生。从某种意义上说，群体犹如一位正在睡眠中暂时失去推理才能的人，脑中会呈现出一个个非常鲜明的形象，一旦他开始思考，这些形象便立刻烟消云散。既然群体不能考虑与推理，他们的脑海里自然也就不会有“不可能”这个概念。通常来说，他们以为最不可能的事情常常是最不可思议的事情。这就是为什么事情中巧妙而传

群体缺乏推理能力，而且不能辨别是非或不能对任何事情做出准确判断，群体接受的判断仅仅是强加给他们的，而绝不是讨论后采纳的结果。

奇的一面更容易感动群体的原因。实际上，我们在剖析文化构成的过程时会发现，正是那些不可思议、传奇般的事情构筑了整个文化史。历史上，但凡表面、虚幻的一面，总是比真实的一面起着更重要的作用。

只会形象思维的群体会受到各种形象的影响，唯有形象会使他们感到惧怕或吸引，从而成为他们行为的动机。

因而，最能塑造鲜明生动的人物形象的戏剧演出，总会对群体产生巨大的影响力。对古罗马民众而言，他们理想的幸福就是有面包吃并能观赏规模宏大的演出，别无他求。在之后的岁月里，这样的理想几乎没变。对群体的各种想象力起作用的要素没有什么能与戏剧扮演相媲美。所有观众共同领会相同的情感，假如这些情感没有立刻变成行动，也是因为最无意识的观众也认识到自己只是幻觉的牺牲品，他们的喜怒哀乐都是那个虚幻新奇的故事引起的。但是，有时形象暗示引起的激烈情感很容易转化为行动，就像暗示通常起的作用一样。这类事情我们时有耳闻：大众剧院由于演出了一场严肃剧目，不得不在扮演叛徒的演员离开剧场时为他提供保护，使其免遭观众的暴力攻击。因为此时的观众对叛徒的罪恶行径义愤填膺，尽管这些罪恶都是想象出来的。在我看来，我们在这里看到了群体心理状态，特别是暗示技巧的最显著的表现。这些虚幻的想象对他们的影响甚至与理想一样强烈，显然他们无意于对两者加以区别。

降服者与国家的权威是以群体想象力为根基而树立的，因而在指导群体时，尤其要在他们的想象力上下功夫。所有重要的历史事件，如佛教、基督教和伊斯兰教的兴起，宗教变革，法国大革命以及现今社会主义的要挟性进攻，都是因为它们对群体想象力产生了深刻影响而带来的直接或间接的结果。

此外，每个时代和每个国家的伟大政治家，包括最专制的君主，都将群体想象力视为他们权力的根本，他们从未试图通过反对这种想象力来实行统治。拿破仑就曾对国会说："通过变成天主教徒，我终结了旺代战争；通过变成伊斯兰教徒，我在埃及站稳了脚跟；通过变成信奉教皇至上者，我博得了意大利神父的支持；假如我去统治一个犹太人的国家，我将会重建所罗门神教。"继亚历山大和恺撒以来，大概没有一个伟人比拿破仑更懂得如何影响群体的想象力。他一直专注的事情就是如何激起群体的想象力。成功时、高声怒斥时、激情演说时，在一切行动中，他都牢记这一点。直到奄奄一息之际，他仍然对此念念不忘。

如何影响群体想象力？答案即将揭晓。这里我们只需指出，要想掌握这种本领，借由智力或理性思考是行不通的，也就是说不能通过推理论证。安东尼让民众起来对抗刺杀恺撒的人，不是通过机智的说理，而是将手指向恺撒本人，让民众解读他的意旨。

不论激起群体想象力的到底是什么，其采取的方式总是呈现出惊人的鲜明形象，没有琐碎的阐释，而是伴随着一些巧妙而神秘的事情，如一场伟大的胜利、一个巨大的奇观、一项十恶不赦的罪行或是一个美妙的前景。这些事情必须完好地呈现在群众面前，但其原因却要秘而不宣。上百起微乎其微的犯罪案件或事故，丝毫不会激起群体的想象力，而一次严重犯罪或大事件却足以给他们留下深刻的印象，即便它造成的危害比不上数次小案件所造成的危害。几年前，流行性感冒仅在巴黎一地就导致 5000 人死亡，但是流感的肆虐对民众的想象力却没有产生任何影响。原因在于，这种真实的大规模死亡事件不是以某种生动的形象表现出来，而是通过每周发布的统计数字告知民众。相反的，假如一次事故导致 500 人而非 5000 人死亡，却是在一天之内发生在公众面前，就会吸引众多注意力，比如埃菲尔铁塔的忽然倒塌，肯定会对群体的想象力造成巨大影响。在缺乏相关信息的情况下，人们猜想一艘横跨大西洋的汽轮可能已在大海中沉没，这件事对群体想象力的影响持续了整整一周。但据官方统计资料表明，仅 1894 年就有 850 条帆船和 203 艘汽轮下落不明。可是，群体绝对不会持续关心接连不断的失踪事件。

更重要的是，就造成的生命和财富损失而论，刺激群体想象力的显然不是事情自身，而是它们发生并引起关注的方式。我的看法是，首先必须对各种事情提炼升华，使它们呈现出令人震惊的形象，从而占领群体思想，使之挥之不去。理解和掌握影响群体想象力的办法，也就掌握了控制他们的办法。

第四章　群体信仰所采取的宗教形式

宗教情感的意义——对神性极为膜拜——具有多种特性——无数事例证明，大众的神灵从来没有离开过——宗教情感复活所采取的新形式——无神论的宗教形式——从历史的角度去思考群体观念的重要性——宗教情感并不是由孤立的个体意志产生的，而是由宗教改革、圣巴托罗缪大屠杀、宗教恐怖时期以及重大的历史事件催生的。

我们早已证明群体不善推理，它对观念不是全盘接受，就是一概否定，他们拒绝一切探讨，对群体产生影响的暗示会彻底征服他们的理解力，从而使之马上投入行动。我们还指明，群体假如受到合适的影响，会时刻准备为理想而奋不顾身。另外，群体只有强烈而极端的情感。对他们来说，同情心能够很快变为崇拜，而一旦心生反感便会马上化成仇恨。这类普遍特征为我们理解群体信仰的性质提供了启示。

当我们进一步观察这类信仰时就会发现，不管是在有着狂热宗教信仰的年代，还是在发生重大政治变动的年代，这类信仰总是会显现出一种独特的体现形态。我将这类信仰称作宗教情感，没有比这更完美的称呼了。

这类情感非常简单，好像是对某位想象中的领袖的崇拜之情，或者是对万物力量的敬仰之心，盲目听从这类情感的指挥，无力探讨其信条是否合理，但愿将这类信条传播四海，并将一切不接受它们的人视为敌人。不管这类情感涉及的是无形的上帝、一具木头或者石头偶像，还是某个英雄或者政治观念，只要它显现出以上特征，那么这类情感一般具备了宗教的本质。在相同程度上，它还具备了某类超自然、神奇的力量，因此群体一般会下意识地把这类神秘力量等同于一时激起他们热情的政治信条或者获胜领袖。

当一个人仅仅崇拜某个神的时候，还不能说他笃信宗教。真正具备虔诚信仰的人，会自愿为了某项事业或者某个人，奉献出自己的一切精神财富与满腔的热情，甘心听从它的召唤并将之视为个人思想和行动的目标和指南。

偏执与狂热总是与宗教情感如影随形。当人们自觉掌握了现世或者永世幸福的秘诀时，难免会表现出某类偏执和狂热。当聚集在一起的人受到某类信仰的激励时，他们也会表现出这两个特性。恐怖统治时期，雅各宾党人的内心虔诚得犹如宗教法庭时期的天主教徒，他们残暴的热情也正源自于此。

群体信仰具备宗教情感固有的特性：盲目信从、极端偏执和对狂热宣传的需要，因此我们可以说，群体的一切信仰都具备宗教形态。受到某个群体拥护的英雄是这个群体真正的神，拿破仑就做了 15 年这样的神，并且赢得了比所有神都要多得多的狂热崇拜的信徒，更容易地取人性命。基督教和非基督教的神也从来没有对其掌控的头脑实行过如此彻底的统治。

一切宗教或者政治信条的创立者，之所以可以确立自己的地位，完全是因为他们成功地激起了群体狂热而盲目的情感，并使人们在崇拜和信服中发现了自己的幸福，从而甘心为他们心中的“神”放弃生命。所有年代都会发生这类事情。

库朗热在讲述罗马高卢人的杰作中明确指出，保持罗马帝国统治的根本不是武力，而是由统治者激发出的一种虔诚

群体的一切信仰都具备宗教形态，因为群体不管需要什么，他们首先需要的是神。受到某个群体拥护的英雄是这个群体真正的神，拿破仑就做了15年这样的神，并且记得了比所有神都要多得多的狂热崇拜的信徒。

的敬仰之情。他写道："某类受到群体厌恶的统治形式能够维持5个世纪之久，在世界历史上是绝无仅有的。罗马帝国的30个军团能够使1亿人民臣服，这的确不可思议。罗马人民臣服的原因在于，他们眼中的帝王是伟大罗马的化身，就好比神一样，得到了全体人民的一致崇拜。在他统治的范围内，即使是最小的城镇也设有膜拜皇帝的祭坛。那个时候，整个帝国内诞生了一种新兴的宗教，它的神就是帝王。在基督教之前的很多年里，为了纪念奥古斯都皇帝，60座城市所代表的整个高卢地区建起了与里昂城周围庙宇相似的神殿……祭司都是当地的要人，由每个高卢城市统一选出……我们不可认定这一切仅仅是出自恐惧与奴性。崇拜帝王的不是朝臣，而是罗马；除了罗马，还有高卢地区、西班牙、希腊和亚洲。"

如今，掌控群体思想的大部分伟人已经不再拥有自己的祭坛，但他们还有雕像或者是画像，被其追随者所珍藏，以他们为对象的狂热崇拜行为与以他们的前辈为对象的崇拜行为相比毫不逊色。只有真正探明群体心理后，我们才能揭开历史的真相。群体不管需要什么，他们首先需要的是神。

千万不要以为盲目崇拜早已被理性打破，不复存在。在与理性无止境的较劲中，情感从来没有被打败过。如今群体不再听到曾经长期禁锢他们思想的神灵、宗教之类的表述，但是在过去一百年间，群体从未拥有过如此多的崇拜对象，古代神灵也无缘拥有如此多的雕像与祭坛。近年来研究过大众运动的人都知道，在法国以布朗热将军为首的号召下，群体的宗教本能是多么容易被唤醒。即使是在乡村小旅馆里都可以发现这位英雄的肖像。他被赋予了匡扶正义、铲除邪恶的全权，成千上万的人甘愿为他献出生命。假如他的性格与他传奇般的名声所吻合，他将会变为历史上的伟大人物。

可以看出，断言群体需要宗教显得非常多余，因为一切政治、神学和社会教条，务必伪装在没有争论的宗教外衣下，才能扎根于群体之中。假如某个无神论的信仰能够使群体接受，这个信仰一定也会体现出宗教情感中一切狭隘的热情，并很快演变为一种狂热崇拜。实证主义学派的发展史为我们提供了一个不寻常的例证。深刻的思想家陀思妥耶夫斯基一直被称作虚无主义者的代表，可是有一天发生在他身上的事情，非常快地发生在了实证主义者身上。某天在受到理性之光的启发后，他毁坏了小教堂祭坛上一切神灵和圣徒的画像，吹灭蜡烛，并用比希纳和莫勒斯霍特等无神论哲学家的著作替代了那些被破坏的物品，然后他再次虔诚地点燃蜡烛。他的宗教信仰对象变了，但是我们能说他的宗教情感也变了吗？

我再重申一遍，只有深刻明白群体信仰长期采取的宗教形式后，我们才可能理解某些重大历史事件。关于某些社会现象，我们更应该从心理学角度，而不是自然主义角度进行研究。史学家丹纳仅仅从自然主义角度研究法国大革命，因此他常常看不到事件的真正起因。他对事件的讲述很详尽，但是从研究群体心理学的要求看，由于缺少对群体心理的研究，他的叙述通常缺少事件的起因。事件中血腥、混乱和残暴的一面让他感到惊骇，可是在那次重大的戏剧性事件中，他没有看见那群英雄更是一群癫狂的野蛮人，他们肆意纵横、为所欲为。我们应该认识到法国大革命仅仅是一种新的宗教信仰在群体中的树立。这样一来，在理解法国革命的暴力、屠杀、宣传需要和向一切事物发出战争宣言等现象时，我们才能做出合理的解释。宗教改革、圣巴托罗缪大屠杀、法国的宗教战争、宗教法庭、恐怖时期，都属于同类现象，都是受到宗教情感激励的群体所为。这类宗教情感必然会使群体采取残暴的方法去消灭所有反对树立新信仰的人。宗教法庭采取的办法是一切怀有真诚而坚定信仰的人所采用的办法。假如他们用了其他办法，就不值得有如此的评价了。

前面提及的大事件之所以会发生，依靠于群体精神，假如群体不想让它们发生，即使是最专制的暴君也不可能做到。当史学家断定圣巴托罗缪大屠杀是由国王引发的时候，他们与统治者一样对群体心理一无所知。只有群体精神才会使号令发生作用。拥有绝对权力的最专制的君主，只会加速或者减缓其发生作用的时间。正像圣巴托罗缪大屠杀或者宗教战争并非完全由国王引发的一样，恐怖统治也不完全是由罗伯斯庇尔、丹东或者圣鞠斯特一手造成的。通常在这类事件后面，我们发现总是群体的精神在运作，而非统治者的权力在控制。

第二卷　群体的意见与信念

第一章　群体的意见与信念中的间接因素

群体信念产生的必然原因——群体信念最初产生于详细阐述的准备工作中——研究发现，群体信念的影响因素如下：

1. 种族因素

种族对群体信念具有决定性影响——它代表着祖先们的建议。

2. 传统因素

传统是种族精神的综合反应——必须了解传统的社会意义——传统在必要性消失后会变成危害——在保卫传统观念上，群体最为固执。

3. 时间因素

信念正是在时间中不停地建立和毁灭——时间能让整齐划一的事物变得乱七八糟。

4. 政治和社会制度因素

这个因素中包含有错误观点——它具有极为细微的影响力——它们并不是群体信念产生的原因，而是群体信念产生的结果——任何民族也不能选择最好的制度——相同的制度规范维护着不同的事物——制度是怎样慢慢建立起来的——一些民族所必需的制度，从理论上讲或许是最不可取的制度。

5. 教育因素

关于教育影响群体的错误观点——职业教育如何使智力得到提升——用统计数据来说明——拉丁教育制度对道德的破坏作用。

在研究了群体心理的组成后，我们知道了它的情感、思维以及推理模式，下面我们将研究群体意见和信念是怎样形成并确立的。

影响群体意见和信念组成的因素有两个：间接因素和直接因素。

间接因素是指，使群体接受某类信念以后，就对其他信念具有完全排斥性。这类因素的存在，使某些具备影响力和惊人结果的新想法更易出现，虽然这类想法看上去是自发产生的。群体中某类想法的迸发与实施有的时候显得十分突然，但这只是表面现象，后面必然有一种持久的准备性因素在发挥作用。

在这类准备性因素长期、持久的作用下，间接因素就会发展成为劝说群体的积极作用，变为直接因素。假如缺少前期的准备工作，直接因素就不会发挥作用。因此，直接因素是指可以促使某类想法形成、实施并产生作用的因素。直接因素会使群体决议忽然开始执行。骚乱爆发、罢工决议，甚至绝大多数人赋予某人权力以推翻政府的行为，都可以归因于此。

在一切重大历史事件中，都能够发现两种因素的连续作用。仅以最著名的法国大革命为例，其间接因素涵盖：哲学家的著作、贵族的强征暴敛以及科学思想的进步。有了这类条件的准备，群体思想很容易被直接因素激发，它可以是演讲者的激情演讲或者是对政府无关紧要的改革的反抗。

有的间接因素具备普遍性，可以说，它们是群体一切信念与意见的基础，涵盖种族、传统、时间、制度和教育。

现在我们来看看这类因素到底产生了哪些影响。

1. 种族因素

种族因素务必列于首位，因为它的重要性远远超过其他因素。我在另一本著作中已做了充分的讲述，这里不再赘言。在那本书中，我们说明了历史上的种族有何特点，人们的族群特性一旦形成后，是怎样通过遗传规律而拥有创立信仰、制度和艺术天赋的能力的，总之，文明的一切组成要素仅仅是种族特征的外在体现。当种族天赋从一个民族传播给另一个民族时，一切要素都会经历深刻的变化。

环境变化和各种事件的发生，可以看成是一时的社会性暗示因素。它们也许具备非常大的影响力，但假如这类社会性暗示因素与种族性暗示因素对立，即与民族世代相传的因素相互抵触的时候，这类影响力只是一时的。

我们将会在本书后面几章谈到种族影响力的问题，并会指明这类影响力将强大到能够决定各种族的典型特征。由此可见，来自不同国家的群体，他们的信念和行为千差万别，并且受到影响的方式也各不相同。

2. 传统因素

传统是以往观念、欲望和情感的体现。它是种族综合作用的产物，对我们产生的影响非常大。

自胚胎学论证了过去关于生物进化产生的巨大影响以来，生物学界便发生了变化。假如这类观念能够更普及，史学界也会发生不小的变化。但如今这类观念还没有普及，很多政治家与上个世纪的理论家一样思想老化，仍然觉得社会能够与自己的过去割裂，完全遵照理性之光的指引前行。

民族是由历史形成的有机体。与其他有机体相同，它只能借由慢慢地遗传累积而不断进化。

人类一直受传统支配，当他们形成群体时更是如此。表面上看，他们能够轻易地更改传统，实际上他们更改的只是传统的名称或者外在形式，正如我以前一再强调的那样。

我们不必对此感到遗憾。因为民族特征的形成或者是文明的建立都离不开传统。因此，人类自从诞生以来就肩负着两大使命，一是建立一套传统体系，二是当这套传统体系的有益成果消耗殆尽时，要尽力将其摧毁。就好比文明的建立离不开传统一样，文明的进步同样离不开对传统的毁灭。想要平衡变与不变的关系，的确太难了。假如一个民族的传统过于稳定，它将不会再发生变化，就好比中国无法得到进步一样。这时，暴力革命也没有作用了。因为革命以后，不是打破的锁链重新拼凑在一起，原先的帝国再一次重现，就是这类破碎的链锁自己散落，混乱无序以后，衰败跟着而来。

所以，对一个民族来讲，最理想的状态就是保留原有制度，然后以微小而不易察觉的方法对其进行改进。这类理想状态很难实现，只有古罗马和近代英国成功地运用了这类方法。

的确，死守传统、极端反对变革的恰好是群体，尤其是那些有地位的群体。我坚持认为群体精神是保守的，即使最暴力的反叛，最多也只能导致几句口令或者条款的变动。上个世纪末，面对一座座被毁坏的教堂，一个个被驱逐或者走上断头台的神父，人们会认为传统的宗教观念大势已去。但没过几年，为了顺应大众的需要，废止的公开礼拜制度又再一次建立起来。

昔日遭遇毁灭的旧传统，又开始大行其道了。

这个事例很好地论证了传统对群体心理所产生的巨大影响。寺庙的神像、宫殿里最专制的暴君不是最可怕的，因为他们顷刻间就会被打倒。但是，那些掌控我们内心最深处的自我的无形主人，却不会引发所有反抗，只会在数百年的岁月里慢慢减退。

3. 时间因素

时间是影响社会学最有力的因素之一，就好比它对生物学产生的影响一样。它是绝无仅有的真正的创造者和伟大的毁灭者。时间，使沙土堆积成山；时间，使地质年代低等无名的细胞演变为高贵的人类。数百年的作用足够改变所有固有的现象。人们早已准确地认识到，假如时间充足，一只蚂蚁也能够将勃朗峰夷为平地。假如一个人掌握了随意更改时间的魔力，他便具备了信徒赋予上帝的权力。

这里我们仅仅探讨时间对群体意见形成的影响力。从这个角度来看，时间的力量是非常强大的，像种族如此重要的因素都取决于它，因为没有时间种族便无法形成。一切信仰的产生、发展和灭亡都取决于时间，是时间使它们得到力量，继而失去力量。

恰恰是时间，为群体意见和信念的产生提供了各种准备，起码为它们的生长提供了土壤。这就说明为何某些思想在某个年代能够实现，而在另一个年代却行不通。时间使各种零落的信念和想法不断汇集，并从中产生属于某个时代的思想。这些思想的产生不是一时的偶然，它们全都根植于漫长的过去。当它们开花结果时，时间为它们做了准备。想要了解它们的起源，就要追溯过去。它们是过去的后代，未来的母亲，也是时间永恒的奴隶。

所以，时间是我们真正的主人，在不受干扰的情况下，它足够改变一切。如今面对群体各种危险的欲望以及由此带来的破坏和动荡，我们感到深深的不安。可是，时间能够让这一切恢复平衡。拉维斯非常中肯地写道："没有哪种政治体制能够在一夜之间建立起来。所有政治和社会组织全是数百年时间锻造的产物。封建制度在其法令典章建立以前，经历了数个世纪的无序与动荡；君主专制政体同样是在经历数百年后，才形成了自己的管理体系。这个等待的时期是极不混乱的。"

4. 政治和社会制度因素

制度的建立能够纠正社会弊端，制度与政府的完善能够使国家进步，社会变革能够通过各种法令的颁布来实现。在我看来，以上观点仍然受到普遍认可。它们是法国大革命的起点，也是如今各种社会学说的基础。

一系列的事实经验一直无法撼动这个非常大的谬误。哲学家和史学家试着论证其荒诞性，但总是徒劳无功。可是，他们轻而易举地论证了各种制度是观念、情感和习俗的产物，而观念、情感和习俗不会随法律制度的更改而发生变化。一个民族不能随心所欲地选择自己的制度，就好比它无法选择自己的头发和眼睛的颜色一样。制度和政治体制全是种族的产物，它们不是某个年代的创立者，而是某个年代的产物。各民族受到统治不是依据它们一时的随意妄想，而是由它们的特征支配的。

一种政治制度的建立需要上百年的时间，更改它也是如此。各种制度没有什么固有性质，无所谓好坏。特定时期内对某一民族有益的制度，对另一个民族可能特别有害。

进一步说，一个民族无法真正更改自己的制度。尽管革命能够更改制度的名称，却无法更改其本质。而名称只是些无用的符号，当史学家深入事物内部时，几乎从不在意这些符号。举个例子，英国，这个世界上最民主的国家采取的仍然是君主立宪制，而美洲的几个原属西班牙的共和国虽然实行的是共和制宪法，但国内极端暴虐的专制统治仍然非常猖獗。决定其命运的是民族特征，而不是其实行的政治体制。

因此，浪费时间制定各种俗套的宪法是一件愚蠢的事情，它只是无知的修辞学家毫无价值的劳动。制定宪法需要依靠必要性和时间来完成，最明智的做法是让这两个因素发挥作用。盎格鲁－撒克逊人便采取了这个办法，正如研究他们的著名史学家麦考利所指出的那样，拉丁民族各国的政客们应该牢记这种办法。他指出，从纯理性的角度来看，法律能够得到的一切好处显得非常荒诞而矛盾。他将拉丁民族大批炮制的宪法资料与英国宪法进行比较后指出，英国宪法是在必要性掌控下慢慢地发生变化，绝不是思辨式推理的结果。

不思考是否严谨对称，而更多思考是否方便易行；绝不仅仅因为异于寻常而更改；绝不改革创新，除非能够消除这种不满；绝不定制宽泛的法规，除非诞生特别案例。从约翰国王的时代到维多利亚女王的时代，这些原则一直支配着我们 250 届的议会，使其从容应对所有事情。

每个种族的法律与制度在某种程度上反映了该种族的需要，因此我们不需要进行猛烈变革，为了说明这一点，我们务必一一加以审查。举个例子，关于中央集权制的优缺点，我们能够专注地从哲学方面进行研究。但是当我们看到，一个由不同种族组成的国家用一千年的时间维护中央集权制度；当我们看到，一场旨在摧毁过去所有制度的大革命不得不对这些制度有所顾虑，甚至使其进一步强化时，我们就应该承认它是某种迫切需要的产物，承认它是这个民族的生存条件。对于那些探讨怎样毁灭它的政客，我们为他们可怜的智商感到遗憾。假如他们不小心成功了，往往预示着可怕的内战即将爆发，战争以后又会马上诞生一种比旧制度更具压迫性的中央集权制度。

由此我们得出结论：制度不是深刻影响群体特征的因素。我们看到某些国家，如美国，在民主制度下取得了巨大成功，但原属西班牙的美洲共和国，虽然有着极其相似的制度，人们却生活在卑劣、混乱的状态中。因此，我们应该承认制度与一个国家的兴衰无关。所有民族都受其固有的特征支配，一切与其特征不符的制度都只是一件虚假、短暂的外衣。的确，为了强行建立某种制度，血腥战争和暴力革命一直都在发生，并且仍会继续。人们就像对待圣人的遗骸一样，赋予制度创造幸福的超自然力量。因此，从某种意义上说，制度引发的大动荡是因为它对群体心理产生的反作用。但是，制度并不是以这种方法产生影响。因为不管成功还是失败，它们都不具备那样的能力。影响群体心理的是各种幻想和话语，特别是话语，其影响力有如其虚幻性一样强大，针对其令人吃惊的影响力，我们将在后面进行说明。

5. 教育因素

在当前的主流观念中，最为大众认可的观念是：教育在很大程度上能够改变一个人，使其不断完善，甚至建立起人与人之间的平等关系。这个观念一再被重复，最终变为最坚定的民主信条之一。如今要想抨击这个观念，就好像过去抨击宗教教义一样困难。

但是在这个问题上，好比很多其他问题一样，民主观念与心理学和经验的结论之间存在严重的分歧，包括赫伯特·斯宾塞在内的许多杰出哲学家，早已论证了教育既不能使人更道德，也不能使人更幸福；既不能更改人的天性，也不能更改人天生的热情。并且，假如受到不良引导，教育的作用就会弊大于利。统计学家为这一观点提供了证据，他们告诉我们，教育的普及（或者起码是某种形式的教育普及）导致了犯罪率的增加；那些与社会为敌或者目无法纪的人，在校期间往往屡获奖项。著名的地方官阿道夫·吉约在他最近的一本著作中指出，现在受过教育的罪犯与文盲罪犯之间的比率是三比一。另外，在过去的半个世纪里，人口犯罪率也在飞速增长，从过去每10万居民中有227人上升到552人，增长了143%。特别引起他注意的是，未成年人犯罪率上升最快。众所周知，为了青少年的成长，法国早已用免费义务教育替代了学费制教育。

我们不能断言，准确引导的教育无法带来非常有益的实质成果，并且也没有人如此坚持过。即使教育无法提升道德水平，起码会使专业能力得到提升。遗憾的是，特别是在过去25年里，拉丁民族将其教育制度建立在错误的原则上，虽然布吕尔、库朗热、丹纳等诸多著名思想家都曾提出意见，但是他们仍然我行我素，造成了令人惋惜的结果。我曾在过去出版的一本书中指出，法国的教育制度把多数受教育者变为社会的对立者，使他们变为强劲的社会主义阵营的信徒。

这种教育制度可能非常适合拉丁民族的禀性，其主要危险源于完全错误的心理学观点，即认为智力是通过熟记教科书来提升的。由于接受了这种观点，人们便尽可能地强化很多手册里的内容。从上小学到离开大学，一个年轻人在缺少个人主动性的情况下死记硬背，他的判断力和主见就这样被消磨殆尽。对他们来说，教育就是背书和听话。

前公共教育部部长朱尔斯·西蒙写道："熟记一种语法或者一篇纲要，流利地复述并出色地模仿，这便是上课，一种荒唐可笑的教育方法。它的每个步骤全是一项默认的信仰行为，也就是对老师完全地信任。这种教育造成的唯一后果，就是让

智力是通过熟记教科书来提升的。从上小学到离开大学，一个年轻人在缺少个人主动性的情况下死记硬背，他的判断力和主见就这样被消磨殆尽了。对他们来说，教育就是背书和听话。

学生自我轻视、丧失主见。”

假如教育真的一无是处，我们还能够对不幸的孩子们表示同情，他们在学校内学到的虽然不是全都有用的知识，但是毕竟学得了一些有关科劳泰尔后裔的族谱、纽斯特里亚和奥斯特拉西亚之间的冲突或者有关动物分类的知识。可是，这种教育制度所造成的危害比这要大得多。它使接受教育的人非常厌恶自己的生活状态，一心想要摆脱它。工人不再想当工人、农民不再想当农民、地位卑微的中产阶级但愿自己的后代端着国家公务员这个铁饭碗。法国教育不是为了使学生生活得更好，而只是为他们从事公职做好准备。在这种职业上取得成功，不需要任何自我定位或者体现出个人的主动性。这种教育制度在社会底层创立了一支无产阶级大军，他们对自己的命运感到不满并且随时准备起来反抗；在社会顶层，它培育出一群轻浮愚蠢的中产阶级，他们多疑而轻信，既将国家视为王道并且极度信任，又总是忘不了对它表示敌意，总是把自己的过错推给政府，但离开政府的干预又会一事无成。

国家利用教科书创造出一批有文凭的人，可是它能用到的只是其中的一小部分，因此不得不让大多数人失业。因为国家只能把工作分给先来的人，因此剩余没有得到工作的人就站到了国家的对立面。在社会的金字塔里，从最卑微的职员到教授、高级行政长官，吹嘘炫耀文凭的庞大群体正一起涌向政府的各种职位。商人要找到一个帮他处理殖民地生意的人比登天还难，但成千上万闲置在家的人却在拼命地谋求最低级的政府职员位置。仅塞纳一地，就有 2 万名男女教师失业，他们不屑于做农民或者工人，只想在政府里谋求一官半职。被选中的人毕竟是有限的，因此这必然会让多数人不满。为了自身利益，他们随时准备参与革命，不管由谁领导，也不管目标是什么。因此，掌握无用的知识成了他们反抗政府的直接因素。

很显然，亡羊补牢为时晚矣。只有经验这位人类最好的老师，会煞费苦心地指出我们的错误，并为我们指出准确的教育之路：用实业教育替代可恶的教科书和可悲的考试，如此才能引导年轻人重返田间劳作、重回工厂上班，再次开始他们如今不惜任何代价逃避的殖民地事业。

如今一切开明人士强调的职业教育，恰好是我们的祖先曾经受过的教育。现在，在依靠强大的意志力、主动的创新力和积极的进取精神统治世界的国家中，这种教育仍旧非常盛行。伟大的思想家丹纳在一系列著名文章中明确指出，我们过去的教育制度与如今英、美两国的教育制度非常相似。他在比较拉丁民族和盎格鲁－撒克逊民族的教育制度时，明确指出了这两种制度带来的影响。以后我将引用其中的一些重要段落。

必要时，人们仍然继续接受传统教育的一切弊端，尽管这种教育只会使人产生不满并且无法适应自己的生活状态，因为学到大量肤浅的知识、精准无误地复述课本，确实能够提升智力水平。可是，它真的能提升人的能力吗？当然不能！生活中获得成功的条件是判断力、经验、主动性和性格，这些都不可能从教科书中得到。书籍就好像字典，能够用来查阅，但是把它们大批存储在脑子里却毫无用处。

职业教育怎样通过传统教育无法企及的方法使智力得到提升呢？丹纳对此做了精彩的说明：

“观念只有在自然、正常的环境中才能产生。因此，培育观念需要受到无数感官印象的刺激，这类感官印象来源于工厂、矿山、法庭、书房、建筑工地和医院，并且需要人们亲睹各种劳动工具、生产资料和操作过程，与顾客、工人和劳动者在一起，不管他们做的是好是坏、是赚是赔。如此，我们才能对通过视觉、听觉、触觉甚至味觉得到的各种细节产生细微的感知能力。学习者在不知不觉中得到这些认知后，会慢慢地分析，形成条理，并迟早受到某些暗示，从而对这些认知进行新的组合、简化、整合、改良或者是发明。法国年轻人恰好是在最佳的学习期被剥夺了一切与外界接触的宝贵机会以及学习必不可少的要素。因为他们有七八年的时间被关在学校里，切断了一切亲身体验的途径和机会，而这些体验能让他们敏锐而精准地明白各种人和事，以及与他们打交道的不同方法。

“……起码有百分之九十的人让数年的时间和努力付诸东流，这恰恰是人生中非常重要，甚至非常关键的黄金年华。他们中有一半或者三分之二的人在考试中遭遇淘汰；另一半或者接近三分之一的优胜者，通过超负荷学习得到了学位或者各种证书。对这些优胜者的要求非常严苛，在规定的日子里，他们坐在一把椅子上，面对一组评委老师，在两个小时内准确回答评委提出的一切关于理科知识的提问，比如人类发展史上一切知识的纲要。尽管在那一天的那两个小时里他们做到了或者几乎做到了，但一个月以后他们却不再具备这种能力。他们无法再次通过考试。他们脑中不断丢失大量过于沉重的知识，而且没有新的知识来填充。他们的思想活力开始衰退，促进成长的才能渐渐干涸，这时一个得到充分发展的人诞生了，但此时的他早已疲惫不堪。结婚过上安定的生活，陷入某种循环，并永无止境地重复下去；他将自己封闭在狭隘的工作中，尽职尽责，仅此而已。他们最终变为了平庸之辈，当然他们的付出并没有得到应有的回报。而在 1789 年以前，法国与英美采取了相反的办法，得到的结果相同，甚至更好。”

之后，这位著名的心理学家又指出了我们与盎格鲁－撒克逊民族教育制度的差别。他们跟我们拥有的无数专门的教育机构不一样。他们的教育不是死读书，而是以实物教学为主。举个例子，他们的工程师是在工厂里训练出来的，而不是在学校。这种方法使每个人都能够达到其智力水平能够达到的水平。假如他能力有限，他能够当个工人或者工头；假如他天资聪颖，他会成为工程师，相较于将个人前程寄托于 19 岁或者 20 岁时那几个小时的考试，这种方法更民主，对社会也更有益。

“在医院、矿山、工厂，或者建筑师、律师的办公室里，刚刚参与实习的年轻学生一步步结束他们的学徒期，就像办公室里的律师助理或者工作室里的艺术家一样。在参加实习以前，他们也会有机会参加一般性的速成课程，因为以前早已形成了一个框架，使他们随时能快速地将观察的结果存储进去；与此同时，他能够练习空闲时学来的各种技能，以便协调他日常累积的经验。在这种教育制度下，实践能力的提升与学生的才能相平衡，并且发展方向也与他日后的任务和想要从事的工作相符合。英美两国恰好是依靠这种教育制度，使年轻人能够在岗位上尽情地发挥自己的才能。假如条件具备，在 25 岁甚至更早，他们不仅能变为一名有用的工作者，并且富有创业精神；他不仅是机器上不可或缺的零件，还是一个发动机。与这种制度相反的法国，一代又一代的人越来越向中国看齐——因此造成了非常大的资源浪费。”

有关拉丁民族教育制度越来越偏离实际生活需求的问题，有位伟大的哲学家做出如下论断：

“在教育的三个阶段，即儿童期、少年期和青年期，孩子们为了考试、学位、证书和文凭，坐在学校板凳上学习理论知识的时间显得过于沉重而漫长。仅从这一点来看，他们采取了非常糟糕的办法，即通过非自然、反社会的管理体制过分延迟了实践时间，实行学校寄宿制度，人为的训练和填鸭式教学，学习负担沉重，不考虑时代的发展，不思考成人的年龄和人们的职业状况，忽视年轻人即将投入其中的现实世界，忽视我们生活于其中并且务必适应或者提前学会适应的社会，忽视了人类需要经历的种种挣扎，挣扎中他要学会保护自己，为了站稳脚跟，他需要提前全副武装并意志坚强。这种必不可少的准备和经验累积，这种强大的常识、勇气和意志力，是我们的学校无法给予法国年轻人的。另外，学校非但没有培育年轻人具备达到自己明确的目标所应具备的素质，反倒让他们丢失了实现目标的能力。因此，当年轻人步入社会、踏上工作岗位后，他们总是会受到一系列痛苦的挫折，给他们造成久久无法以痊愈的伤痛，甚至丧失生活的能力。这类考验既残酷又危险。在这个过程中，精神和道德间的平衡遭遇冲击，这类平衡可能一去不返。理想忽然之间被彻底击破。这给他们造成的欺骗太严重了，因此失望感也就越来越强烈。”

我们如今是否偏离了群体心理的主题？很明显没有。因为要了解和预知群体中正在酝酿的各种想法和信念，就务必了解为这类信念提供温床的因素。教育能够使一个国家的年轻人知道这个国家的未来发展趋势。当前的教育模式足以向人们预示这个国家的前景将一片黯淡。群体思想是提升还是堕落，教育的确能够起到部分作用。因此务必指出现行教育制度是怎样塑造这类思想的，冷漠而中立的群体是怎样变为一群心怀不满、随时准备听从空想主义者和雄辩家召唤的大军。如今产生这类社会主义者和无政府主义者的地方，恰恰是教室；为拉丁民族走向衰落铺平道路的，是教室。

第二章　群体意见的直接因素

1. 形象、词语和套话因素

词语和套话具有神奇的魔力——词语的力量与它所激发的想象密切相连，但又与词语自身的真正含义没有关系——这些想象因种族和年龄的不同而不同——词语会发生损耗——常用词语含义多变的案例——如果旧事物给大众的印象不好，就给它换上一个新名称来获得政治利益——词语的含义会随种族的不同而发生变化——在欧洲和美国，“民主”二字的内涵是不同的。

2. 幻想因素

幻想的重要性——一切文明都起源于幻想——幻想的存在具有社会必然性——群体对幻想的喜爱甚于真相。

3. 经验因素

只有经验才能在群体的思想中长久存在，并使具有危险性的幻想走向灭亡——经验只有不断重复才能产生作用——要想成功劝说群体，必须付出经验的代价。

4. 理性因素

理性丝毫左右不了群体——群体只会被无意识情感所左右——在历史中，理性具有逻辑性——奇怪事情的发生有其隐秘因素。

我们在上一章中探讨了造成群体心理的特殊感受力，并由此产生某些情感和观念的间接性准备因素。现在我们将研究直接因素。这一章我们会看见怎样充分发挥这些因素。

在本书的第一部分，我们研究了群体的情感、观念以及推理方法，因此我们能够从影响群体心理的方法中归纳出一般性原理。我们知道了什么会激发群体的想象力，知道暗示特别是形象化暗示的力量和相互传染的过程。但是，正如暗示的来源多种多样，影响群体心理的因素也是千差万别，因此我们务必分别进行研究。这项研究十分必要。群体与古代神话里的斯芬克斯有很多相似的地方，我们务必对影响它们的心理因素给出答案，否则就会被它们所吞噬。

1. 形象、词语和套话因素

我们在研究群体想象力的时候发现，它们更容易被形象所影响。这些形象并不总是随时出现，但可以巧妙利用一些词语和套话来激活它们。艺术化的语言无疑拥有了魔术师般的神奇力量。它们能够引发群体内心最可怕的风暴，但同样也能平息风暴。因各种词话和套话的力量而牺牲的人，他们的尸骨足够建起比古老的齐奥普斯更高的金字塔。

言语的力量与它们唤醒的形象密切相关，而与它们的真实意义无关。那些意义不明确的词语往往影响最大。举例来说，民主、社会主义、平等、自由，它们的含义非常模糊，以至于查阅大量的书籍也无法精确定义它们。但可以肯定的是，这些简短的词语拥有无比神奇的魔力，貌似一切问题在它们面前都会迎刃而解。这些词语将各式各样潜意识中的强烈愿望及其实现的希望有机地融为一体。

推理与论证无法和某些词语和套话相抗衡。面对群体，一旦词语和套话以庄严肃穆的口气说出来，所有人都会马上肃然起敬，俯首倾听。很多人将它们视为自然的甚至超自然的力量。它们会在人们心中唤起宏伟而模糊的形象，也正是因为它们模糊难辨，更增加了它们的神秘力量。它们是祭坛后的神灵，虔诚的信众只能心怀敬仰地接近它。

词语唤起的形象与它的真实意义无关，它们因时因人而异，套话同样如此。一旦某些短暂的形象和某些词语联系在一起，词语就像电铃开关一样掌控着它们的诞生。

并非所有词语和套话都有唤起形象的力量，有些话语曾经具备这种力量，但是在运用过程中消失了，因此不再产生任何作用。它们成了空洞的词语，主要作用就是让使用者不用再思考。年轻时我们掌握的一些套话和常用语，足够应付生活所需的一切，不必非要再伤神地思考所有事情。

只要研究某种语言就会发现，词语的变化在时代进程中非常缓慢，而词语引发的形象或者它们的含义却在不断发生变化。因此我曾在另外一本书中做出如此的结论：精准无误地翻

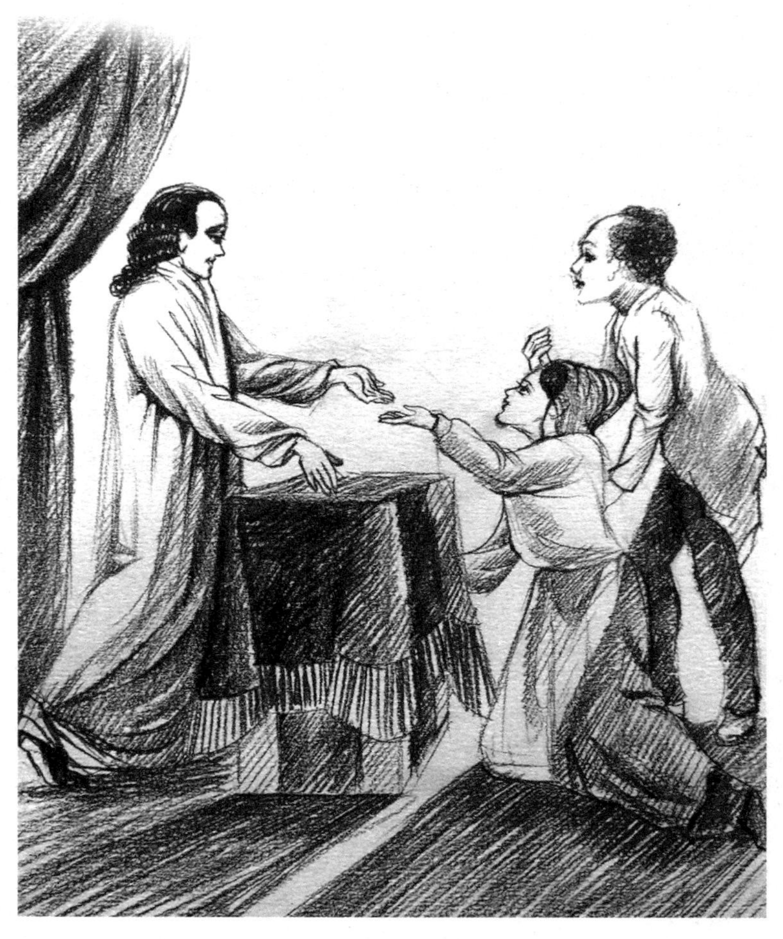

庄严肃穆的词语和套话被很多人视为自然甚至超自然的力量，人们对之肃然起敬，并在内心唤起宏伟而模糊的形象。它们因为模糊难辩而增加了更为神秘的力量，它们是祭坛后的神灵，虔诚的信众只能心怀敬仰地接近它。

译一种语言，特别是早已消失了的语言，是完全不可能的。当我们将拉丁语、希腊语或者梵语译成法语时，或者当我们试着理解用二三百年前的语言写成的书时，我们到底在做什么？我们不过是用现代生活赋予我们的形象和观念，替代古代生活赋予种族成员的形象和观念。那些观念与当今人们想到的不同，因为那个时候他们的生存条件与现在没法相比。法国大革命期间，当人们自以为是在复兴古希腊和古罗马艺术时，其实他们做的只是将从来没有过的含义赋予古代的词语。

古希腊的制度与今天用相同的词语建立起来的制度之间可能存在相似之处吗？当然不会。那个时候的共和国本质上是为贵族利益服务的制度，这些贵族是由一群抱团的小暴君结成的团队，受他们统治的群体是完全顺从的奴隶。这种建立在奴隶制基础上的集体贵族统治，是无法离开奴隶制而存在的。

“自由”一词亦是如此。在一个从未想过思想自由的地方，假如你敢谈论城邦的诸神、各项法律以及习俗，就是犯了当时最严重的罪，这时的自由与我们如今赋予自由的含义，有何不同之处？对于雅典人和斯巴达人，祖国意味着什么？它只能是指对雅典或者斯巴达的崇拜，而绝不可能指各自为政、互不统属并且总是为了争夺领地而兵戎相见的敌对城邦组成的希腊。对于古代的高卢人来讲，祖国又有怎样的含义呢？高卢是由相互敌对的部落和种族组成。这些种族有着不同的语言和宗教，它最终轻易被恺撒征服，就是因为恺撒总能在它们之中找到盟友。高卢之所以能够变为一个国家，恰恰是因为罗马使其在政治和宗教上形成了统一。不扯那么远，就说二百年前的法国，我们能认为如今法国各省对于祖国的理解，与曾经联合外敌反叛自己君主的大孔代（编按：路易二世，17 世纪最杰出的统帅之一）是一样的吗？同样还是祖国，现代人与过去移居国外的法国保皇党人对祖国的看法不也是相差甚远？他们认为反抗法国是固守忠诚，服从命令。因为在封建制度的法律中，诸侯与君主而非土地息息相关，因此君主在哪里，哪里就是他们的国家。

伴随着时代的变迁，含义发生深刻变化的词语有很多。对它们的理解，我们只能达到过去经过漫长努力所能理解的程度。有人曾准确地指出，即使只是为了理解国王或者王室对我们的祖先意味着什么，也需要做大量的研究工作。对于更为复杂的词语，其困难程度不言而喻。

因此，词语的含义是短暂易变的，它因时因人而异。当我们想通过词语来影响群体时，务必了解词语在特定时刻对于群体的含义，而不是这些词语过去的含义或者精神状态不一样的人所赋予它们的不同含义。

当发生政治动荡或者信仰变化时，群体会对某些词语产生反感，这时，真正的政治家的首要任务，就是在不改变事物本质的情况下，给它们换个名称。当诞生因词语本义与其固有结构的联系过于紧密而难以更改的事物时，都会采取这种方法。

明智的托克维尔很久之前就曾说过，领事馆和帝国要做的就是将过去大部分制度的内容换个新说法，即用一些新词替代那些会让群体产生反感的词语。举个例子，将地租改称为土地税，盐赋称为盐税，徭役则用间接的方法进行摊派，商业公司和行会的税款则用收取执照费的方法索取，等等。

政治家最基本的任务之一，就是对流行语或者那些平庸的群体无法继续忍受其旧名称的词语改头换面。词语的力量非常强大，大到足够使最令人讨厌的事物换个合适的名称后，能够再次被群体接受。丹纳明确指出，雅各宾党人恰恰是利用了当时非常流行的自由、博爱的口号，建立起足够与达荷美（编按：西非人于 17 世纪建造的封建国家）暴政相媲美的专制统治，以及与宗教法庭相类似的审判制度，并干出类似于古墨西哥时期的人类大屠杀。统治者与律师一样，最重要的技巧就是精妙地运用词语。这个技巧最大的难度在于，在一个社会里同一个词语对于不同的社会阶层一般有不同的含义。来自不同阶层的人用着一样的词语，却表达着不一样的意思。

在上面的例子中，时间是导致词语含义发生变化的主要因素。但是，假如我们把种族因素也考虑进去，会看见同一时期的人，尽管教育程度相同，但因为来自不同的种族，相同的词语一般也会引发很不一样的联想。假如不是走南闯北、经验丰富的人是不可能理解这些差异的。因此，有关这一点我不再多说，我只想指出，恰恰是群体运用最频繁的词，对不同民族一般有着截然不同的含义。举个如今最常用的例子，“民主”和“社会主义”就是如此。

实际上，在拉丁民族与盎格鲁－撒克逊民族中，这些词语有着非常对立的概念与联想。对拉丁民族来说，民主是指个人意志和主动性要完全地听从国家所代表的集体意志和自主权。国家在日益加强对一切的掌控，国家集权、垄断并创造一切。因此，不管是激进主义者、社会主义者还是保皇派，毫无例外地都依靠国家。而民主的含义对盎格鲁－撒克逊民族，特别是美国人来说，则恰好相反。在他们眼中，民主是指个人意志的极端发展，国家要尽最大可能服从个人的发展趋向，并且不可以掌控涵盖公共教育在内的所有事物，除了政策、军队和外交。由此可见，民主对一个民族来说，是指个人意志和自主权的从属性及对居于优势地位的国家意志的服从；对另一个民族来说，却是指国家对个人意志和主动性极度发展的完全服从。

2. 幻想因素

自文明诞生以来，群体一直受到幻想的影响。他们为那些制造幻想的人建造神庙、立雕像、设坛祭奠，这类信仰崇拜超越了他们对其他所有阶级的态度。不管是曾经占据人们主导思想的宗教幻想还是如今风靡的哲学和社会幻想，这些令人恐惧的无上力量总能在我们这个星球上所有持续繁荣的文明中心发现。古巴比伦和埃及的神庙、中世纪的宗教建筑是为了它们而建造；一个世纪前掀起整个欧洲的一场大动荡，也是因它们而爆发；没有哪种政治、艺术和社会观念可以逃脱它们的强大影响。有的时候，人类为了消灭这些幻想会发起可怕的动乱，但是它们貌似注定将再次兴起。因为没有幻想，人类不可能挣脱自己原始的野蛮状态；没有幻想，人类会很快重回野蛮状态。毫无疑问，这些幻想是毫无意义的，但恰恰是我们这些梦想的产物，使每个民族创造出了光辉壮丽的艺术和伟大的文明。

假如将博物馆和图书馆毁掉，假如将教堂前石板路上受宗教激发而产生的一切艺术作品和遗迹推倒，人类伟大的梦想还剩下什么？让人类怀揣着这些希望和幻想吧，要不他们将无法生存。这就是神灵、英雄和诗人存在的缘由。科学担负起这项任务已有五十年，但是对于爱幻想的人类来说，科学是有欠缺的，因为它不敢慷慨地做出承诺，因为它不可以撒谎。

上个世纪的哲学家满腔热情地致力于消灭各种宗教、政治和社会幻想的事业中，而我们的祖先已在这些幻想中生存了很多个世纪。幻想被毁灭后，希望和顺从随之消失。人类需要再一次面对盲目而无声的自然力量，这些自然力量拒绝软弱、无视弱小。不管哲学怎样进步，它始终无法提供任何能够吸引群体的梦想。但是群体会不惜代价地找寻自己的梦想。他们会如昆虫般本能地找寻光亮一样，向迎合他们的巧言者接近。推动民族发展的主因通常是谬误，而非真理。如今社会主义的势力之所以如此强大，原因就在于它所形成的终极幻想仍然生机勃勃。虽然存在一切科学证据，但它的势力依然持续壮大。它的力量主要来源于那些无视事实又敢于承诺未来的人。如今，盛行的社会主义幻想建立在过去大量的废墟之上，未来是归属于它的。群体从来没有渴求过真理。对于不合胃口的证据，他们避而不谈。假如受到了谬误的诱惑，群体更愿意相信它们。凡是为他们提供幻想的人，就容易变为他们的主人；凡是试着毁灭他们幻想的人，都会沦为他们的牺牲品。

3. 经验因素

经验几乎是唯一能够使群体确立坚定的真理、消灭危险的幻想的有效方法。要想达成这个目的，经验务必在非常大的范围内不断重复发生。一般来说，一代人的经验对后代起不了什么作用，这就是以史实作为根据而达不到目的的缘故。它仅有的作用就是证明了，经验只有在一定范围内一代代地重复发生才可以产生作用，也就是撼动群体根深蒂固的错误观念。

19 世纪及其以前的一段历史，是个被史学家认为充满奇妙经历的年代，因为没有一个年代有过如此多的经历体验。

法国大革命无疑是其中规模最大的一次。要想明白社会是不会按照纯理性的要求从里到外再来一次的道理，需要付出数百万人的生命和欧洲 20 年剧烈动荡的代价。为了从经验上论证这一点，独裁者让拥护他们的民族付出了惨重的代价，在 50 年间遭遇了两次灾难性的经历。尽管这些往事历历在目，但貌似仍不能令人信服。第一次经历，造成 300 万人丧命并引发了一次入侵；第二次经历，造成领土丧失并使法国人意识到常备军的必要性。这以后，几乎就要发生的第三次经历，说不定会在以后的某天来临。要想使整个国家相信，庞大的德国军队早已不再是 30 年前那支无害的国民卫队，恐怕还需要一场代价惨痛的战争经历。认识到实行贸易保护举措会使这个国家破产，起码需要 20 年灾难性的经历。类似的例子可以说不胜枚举。

4. 理性因素

在列举影响群体心理的因素时，假如不指出理性的消极作用，则根本不必提及理性。

我们早已证明群体不受理性影响，他们只能理解那些随意联系在一起的观念。因此，懂得怎样影响群体的演讲者，总是试着引发他们的情感共鸣而非理性。想用严密的逻辑规律来吸引群体是根本不可能的。要让群体相信自己的观点，务必明白使群体产生兴奋的各种情感，并假装感同身受，接着运用最基本的联想和极具暗示性的概念去改变他们的想法，这样才能够——如果有必要——回归到最初的观点，一步步预测演讲可能激发的情感。这种依据话语产生的效果不断改变说辞的必要性，使一切有效的演讲都不可能事先准备好。在这些事先准备好的演讲里，演讲者只遵循自己的思路是根本行不通的，因为他们无法照顾群体的感受，所以起不到应有的效果。

讲话注重逻辑的人，习惯于相信一系列逻辑严密的论证。因此，当他们与群体说话时，难免会借助这种逻辑说服方法。但是，他们总是会惊讶地发现自己的论证居然毫无效果。一位逻辑学家写道："一般来说，数学结果是通过演绎推断得到的，即一组公式的推算结果，具备权威性。假如它们能够遵循这组公式的话，即使是无机物也会同意其权威性。"这话当然没错，但是群体并不比无机物更能遵循这些公式，他们甚至无法理解它们。假如试着用理性说服像野蛮人或者儿童如此简单的脑袋，就会明白这种论说方法是多么无能为力。

要想明白理性在与情感的较量中显得多么软弱，我们不必退化到原始人的水平。我们只需回头看一下那些与最简单的逻辑都不符合的宗教迷信，是怎样顽强地持续了数个世纪。在近两千年的时间里，即使才华盖世的天才也会在它面前低下头来。一直到了现代，它的真实性才开始受到质疑。中世纪和文艺复兴时期有过不少有识之士，但从来没有人能够理性地对待自己迷信中幼稚的一面，或者对魔鬼的罪行或烧死巫师的必要性有过丝毫的怀疑。

关于群体不受理性指引这一点，我们应该觉得遗憾吗？我们不需要下结论。毫无疑问，激发人类走上文明之路的不是理性，而是充满激情与胆识的幻想。从幻想能够掌控我们的无意识力量来衡量其存在价值，得到的答案无疑是肯定的。每个种族的精神组成中都有着命运的定律，其中包含一种不可抗拒的冲动，即使这种冲动有的时候显得极不合理，也会使种族服从它。有的时候，民族的前进貌似受到某些神秘力量的驱使，它们与使橡果长成橡树或者让彗星围绕固定的轨道运转的力量极其相似。

要想弄明白这些神秘力量，就务必从人类的整个发展进程中去找寻答案，而不是从历史上不时发生的孤立事件中找寻。假如只考虑这些事件，历史就像是一系列不可能的巧合造成的结果。一个加利利的木匠不可能变为一个持续两千年之久的全能之神，并在他的基础上创建最重要的文明；一群来自沙漠的阿拉伯人也不可能征服古希腊、古罗马世界的大部分地区，并建立起比亚历山大帝国更强大的帝国；在欧洲某个非常发达的时期，权力已被严格等级化，一个小小的炮兵中尉不太可能征服众多民族及他们的国王。

因此，让我们把理性留给哲学家，不要过分坚持它对人类的掌控。虽然存在着理性，但是一切文明发展的主要动力——情感，却不是由理性产生的。这些情感有尊重、自我牺牲、宗教信仰、爱国主义以及对荣誉的热爱等。

第三章　群体领袖及其说服手段

1. 群体的领袖

群体在组成过程中，所有个体都从本能上需要服从领导——群体领袖的心理——唯有他们能赋予群体以信念，并把他们组织在一起——群体领袖强硬而专制——领袖的分类——意志的力量。

2. 说服手段——断言、重复和传染

三种手段的不同作用——传染从社会下层到上层蔓延的方式——流行的见解主张很快就会变成群体的观点。

3. 声望

声望的定义及其分类——先天声望和个人声望——各式各样的实例——声望受到破坏的方式。

我们现在已经了解了群体的精神构成，也知道了能够对他们的头脑产生影响的力量。有待进一步研究的是，这些力量是怎样发挥作用的，以及是什么人把它们有效地转变成实践的力量。

1. 群体的领袖

当一群生物聚集在一起，不管是动物还是人类，都会本能地听从一个头领的领导。

人类群体的领袖在很多时候虽然只是一个小头目或者煽动者，但却起了非常重要的作用。他的意志力是群体意见汇集并达成一致的核心。他是异质群体组织化的第一组成要素，为组成派别并管理他们做好准备。没有头领，群体将一事无成。

一般来说，领袖最初也是被领导者中的一员。他因为对某些思想着迷，从而变为这些思想的信徒。他对这些思想的痴迷，使他感受不到外界的所有事物。一切相反的观点对他来说都只是谬误或者迷信。罗伯斯庇尔就是一个典型的例子。他非常痴迷于卢梭的哲学思想，甚至不惜借助宗教法庭的力量来达到宣传它的目的。

我们所讲的领袖，通常是实践家而非思想家。他们不存在远见卓识，他们也不会如此，因为这会让他们对事物产生怀疑而变得无所作为。领袖特别容易产生于精神异常、易于兴奋、游走于疯狂边缘的半疯狂之人当中。无论他们的想法或者目标多么荒诞，他们坚定的信念也会使所有理性无处容身。所有轻视与迫害都影响不了他们，反而会使他们变得更加兴奋。他们放弃个人利益，抛弃家庭甚至一切，自我保护的本能在他们的潜意识里根本就不存在，他们别无所求，只求以身殉道。他们的话语因为具备强烈的信仰而具有强大的说服力，因此人们总是喜欢追随意志坚定的人。更重要的是，他们还知道怎样使民众接受自己的想法。群体成员缺少意志，会本能地投向意志坚定的人，因为他们身上具备群体成员缺少的品质。

各民族从不缺少领袖，但并非所有领袖都能像信徒一样被强烈的信念所激发。这些领袖往往是贪图个人利益的巧言者，他们以迎合大众各种低级本能的方法对其进行说服。这种方法产生的影响非常巨大，但经常稍纵即逝。能够撩拨群体心弦的狂热信徒，如隐士彼得、路德、萨伏那洛拉以及法国大革命的各色人物，他们务必先对某些信条着迷并确信不疑后，才可以引发群体的兴趣，从而唤起群体心中那股不可抗拒的力量——信仰，它会使一个人彻底变为自己梦想的奴隶。

无论是对宗教、政治、社会的信仰，还是对一本书、一个人或者一种思想的信仰，它们往往是由群体领袖所激发。在这一方面，他们的影响力非常大。在人类拥有的一切力量之中，信仰的力量最为强大。《福音书》说，它有移山填海之力。假如一个人有了信仰，就等于壮大了十倍的力量。历史上的重大事件全是由一些无名的狂热信徒引发的，没有什么比他们的信仰更重要。不管是掌控世界的伟大宗教还是横跨半球的庞大帝国，它们的建立完全不是依靠学者或者哲人的帮助，当然更不可能是那些怀疑论者。

在以上事例中，我们关注的对象都是一些重要的领袖人物。他们人数不多，因此我们能够轻而易举地将他们从历史中一一整理出来。他们构成了一个连续体的制高点，这个连续体既涵盖位高权重的统治者，也涵盖无权无势的劳动者。在烟雾弥漫的小酒馆里，他们不断地向同伴的耳朵里灌输一些他们自己也不甚理解的公式化语言，慢慢使其沉迷其中。他们告诉同伴，只要按照他们所说的行事，一切的梦想与希望都能够实现。

在每个社会领域里，不管是最高尚的还是最卑微的人，一旦不再独立，很快便会受到某个领导者的掌控。大多数人，特别是群体中的多数人，除了自己的专长之外，对其他任何事物都不曾有过清晰而合乎逻辑的想法，因此领袖就成了他们的引导。但是，有些时候领袖的作用也能够被定期出版物所替代，虽然多数情况下效果并不佳。这些出版物会制造很多有利于领袖的舆论，为他们提供现成的套话，使他们不必再为说理费神。

群体领袖行使的权力非常专制，当然这种专制是他们受到

历史中的领袖人物构成一个连续体的制高点，他们在烟雾弥漫的小酒馆里不断地向同伴的耳朵里灌输一些他们自己也不甚理解的公式化语言，慢慢使其沉迷其中，他们说，只要按照他们所说的行事，一切的梦想与希望都能够实现。

拥护的前提。但我们也会发现，即使他们的权力后面没有任何支撑，他们也能轻而易举地得到工人阶级中部分狂乱分子的支持。他们规定工作时间和工资水平，他们下令罢工并规定开始和终止的时间。

现在，随着政府越来越受到质疑，权力日益分散，那些群体的领袖和煽动者越来越倾向于篡夺政府的权力。这些新主子暴政的结果是使群体在服从他们时，要比服从政府听话得多。假如因为某种变故，领袖退出了舞台，群体就会回到散漫无序的状态，好比一盘散沙不堪一击。比如上次巴黎公共马车雇员的罢工，当两个指挥的领袖被抓起来后，罢工便草草收场了。群体精神最需要的不是自由而是服从。他们如此甘愿听从别人的意志，以至于只要有人自称是他们的主人，他们就会本能地听命于他。

这些领袖与煽动者可分为明显不同的两类：第一类人活力四射，却只拥有一时的坚强意志；第二类人比第一类人更为少见，他们的意志力更为持久。第一类人崇尚暴力但是却有勇无谋。他们能够指挥忽然发起的一场暴动，带动群众赴险犯难，使他们一夜之间从新兵变为英雄。法兰西第一帝国的内伊、缪拉和当代的加里波第就属于此类。加里波第一无所长，却是个精力旺盛的冒险者，他仅靠一小伙人就成功占领了由纪律严明的军队保卫的那不勒斯王国。

这类领袖的力量虽然不可小觑，但却无法持久，很难比使这股力量产生的缘由更持久。当这些英雄丢失了这类力量，回归本来生活时，往往会暴露出令人匪夷所思的性格弱点。他们虽然曾经叱咤风云，但却无法在最简单的环境中思考并正常行事。他们是这样一类领袖：只有当他们自身同样受到领导并不断受到刺激，并且总是受某个人或者某种思想指引，有明确无误的行动准则可遵循时，他们才可以发挥作用。还有一类领袖，他们的意志力很持久，尽管不那么引人注目，却有着更为强大的影响力。如某种宗教与伟大事业的真正创始人，圣保罗、哥伦布和德·雷赛布同属此类。他们是明智的还是狭隘的早已无关紧要，因为世界无疑是归属于他们的。他们具备的持久意志力，拥有罕见且强大的能量，强大到足够让一切事物俯首称臣。遗憾的是，这些能够成就事业、强大且持久的意志力总是得不到应有的重视。即使如此，仍然没有任何事物能够阻挡它前进，不管是自然、神灵还是人类。

这种势不可当、强大而持久的意志力会造成什么结果，看看德·雷赛布最近为我们提供的一个例子就可以明白了。他将世界分为东西两半，并想成就一项在过去三千年里连最伟大的统治者都一无所获的事业。后来，他同样败在了这项事业上，因为他年事已高，包括意志力在内的所有成就事业所需要的特质，都臣服在了蹉跎的岁月面前。

要想说明仅靠意志的力量到底可以在人们完成事业的过程中起到多大作用，只需翻开历史的某一页，看看开凿苏伊士运河时，人们到底克服了多少困难便可知晓。目睹该事件始末的博士卡泽里兹用令人印象深刻的寥寥数语，描绘了这一伟大工程的不朽：

“日复一日，他不断讲述着有关运河的惊人故事。他讲述了在这次事件里他是怎样战胜一切困难，怎样将不可能化成可能的；他还讲述了遭遇的一切反对声浪，以及联合起来反对他的同盟；他历经了种种无奈、绝望、逆境与挫败，但是这些困难没有让他灰心丧气。他回忆起英国是怎样无休无止地对他的工作展开进攻；埃及与法国是怎样的举棋不定；工程初期法国领事是怎样带头反对他以及为了反对他继续工作而做出恶毒的事情：有人企图用断水的方法逼迫他的工人离开。他还提到，海军部部长、工程师以及所有经验丰富、接受过科学训练、富有责任感的人，最终都站到了他的对立面，并且以科学的角度断言灾难即将来临。他们像预测日食一样预测灾难降临的日期。”

记载这些伟大领袖生平的书籍不会包含很多人物，但这些人却与文明史上最重大的事件密切相关。

2. 说服手段：断言、重复和传染

假如想在短时间内让群体兴奋起来，诱导他们参与任何行动，如抢夺宫殿、誓死捍卫某个要塞或者防御阵地，就务必让群体迅速感应到这些短暂的暗示，其中最有效的暗示就是榜样。要想达到这个目的，群体还务必事先做好一些环境上的准备，当然首要因素应该是领导群体的领袖应具备的素质，我称之为声望，这还有待进一步研究。

当领袖准备用各种观念和信仰激发群体情感时（如各种现代社会理论），他们会借助各种不同的方法。其中最重要的方法有三种，分别是断言、重复和传染。它们的作用发挥得有些缓慢，但一旦起作用，其影响力却是持久的。

不需要所有推理与论证的单纯断言，是让某些观念进入群体大脑中最可靠的手段之一。断言越简洁，论证越贫乏，影响力反而越大。所有年代的宗教典籍和法律章程，通常是借助于简单的断言。不管是号召人们起来捍卫某项政治事业的政治家，还是利用广告推销产品的商人，都熟谙断言的作用。

断言要想真正发挥作用，务必尽可能以相同的说辞不断进行重复。我相信拿破仑曾经说过的话：重要的修辞手法只有一个，那就是重复。因此，那些能够在人们心中生根的事情，一般是经过不断重复断言的事情，因为只有如此，人们才会将其视为已被证实的真理加以接受。

当我们看到重复的力量对最明智的头脑产生的影响后，就不难理解它为何会对群体产生如此巨大的影响力了。这些力量产生的原因在于，不断重复的话语会长久地扎根于我们无意识的自我的深层区域，而这里恰好是我们行为动机形成的地方。

虽然一段时间后，我们会忘记是谁说了这些不断重复的主张，但是我们仍然会对它深信不疑。

广告之所以有如此令人吃惊的力量正源于此。当我们成百上千次地听到，X 牌巧克力是世界上最好的巧克力，我们就会认为其他地方的人也是这样认为的，最终我们会对这种说法确信不疑；当我们无数次地读到，Y 牌药粉医治好了某位知名人士的顽疾，一旦我们患上了类似的疾病，也一定会想试试这种药。假如我们总是在同一家报纸上读到，A 是个彻头彻尾的流氓，B 是个老好人，我们会认为事实就是如此，除非我们在另一家报纸上看到将两人完全颠倒过来的对立观点。假如让断言与重复进行较量，它们各自都具备足够强大的力量。

当某种断言得到充分重复，这种断言就会变得毫无异议。就像某些富豪足够控制所有金融项目竞标者一样，这时就会形成我们所讲的流行观点，强大的传染过程开始进入群体的各种想法、观点、情感和信仰，并且都具备和细菌一样强大的传染力。这种现象很自然，即使在动物群中也能发现。当马厩里的一匹马开始啃咬食槽，另一些马也会如此仿效；羊群中几只羊忽然表现出的惊慌，会迅速传染给整个羊群。群体中某个人的情绪会飞速感染给其他人，惊慌的突发性也正是如此。大脑失常如同疯狂的行为一样，本身就具有传染性。

因此我们才会看到一些精神病专家发生精神失常的事情，这已经是公认的事实。值得一提的是，最近提及的某种精神失常的病症，如陌生环境恐惧症，也能够由人传染给动物。

同一时间出现在某地，并非人们受到传染的必备条件。某些事件的影响能够使身处异地的人们感受到传染的力量，前提是这些事件能够让人们产生一种独特的心理倾向以及群体独有的特征。特别是当人们受到我前面讲述的间接因素的影响后，并且心理上早已有所准备时，情况尤为如此。1848 年的革命运动便充分说明了这一点，这场运动在巴黎爆发后，迅速传遍大半个欧洲，动摇了很多国家的王权。

模仿实际上只是传染的结果，虽然社会上的很多影响要归根于它。有关模仿的影响，我已在另一本书中做过说明，在此我只引述一段 15 年前我就此问题发表的观点。在最近的出版物中，我的以下观点已被其他作者做了进一步阐述：

“人和动物一样具备模仿的本能。对于人类来说，模仿是必然的，因为单纯地模仿别人总是容易得多。也正因为如此，时尚的影响力才会如此强大。不管是意见、观点、文学作品还是衣着打扮，有多少人敢与时尚背道而驰？影响群体的是榜样而非论证。不管哪个时期总是会有这样的人，他们站在公众的对立面，并受到无意识大众的模仿。但是，他们毕竟势单力薄，因此不能明目张胆地反对主流观点。假如他们这样做了，那么无意识的大众模仿他们就会变得很困难，他们也将无法起到任何作用。因此，超越时代的人一般起不了什么作用，因为两者之间的界线过于明显。同样的，虽然欧洲文明占据很大优势，但是对于东方民族来说，它的作用微乎其微，因为两者之间的差异好比天堑。

“历史与模仿的双重作用，会让生活在一个国家和一个时代的所有人在经历漫长的时间洗礼以后变得十分相似，甚至那些不易受外界影响的人，如哲学家、学者和文人，他们的思想和风格在双重作用下，也显现出一种与某社会相似的面貌，使人能很快辨认出他们所处的年代。因此，要想明白一个人的读书喜好、娱乐消遣习惯及其生活环境，并不一定非要与他长时间地交谈。”

这种传染的感染力非常大，它不仅能够轻而易举地使个体接受某些观点，还能将某些情感模式强加于他们。传染还是造成某些作品在某个时期受到轻视的原因，《唐豪塞》便是如此。几年后，同样因为传染，那些批评者又转而对它赞赏有加。

群体的意见和信仰就是通过传染来宣传普及的，在这个过程中，推理论证毫无作用。如今流行于工人阶级中的各种观念，是他们从公共场合学到的，这是断言、重复和传染的结果。的确，每个时代建立群体信仰的方法大都如出一辙。勒南便曾正确地指出基督教的创始人与从一间酒吧到另一间酒吧传播观念的社会主义工人之间的相似性；在基督教问题上，伏尔泰也意识到：一百多年来，信奉基督教的只是一群最卑劣的乌合之众。

需要指出的是，与我前面提及的情况相似，当传染作用于大众阶层以后，便开始向社会上层传播。这就是今天我们在社会主义学说身上看到的现象，它正被即将成为首批牺牲者的人所接受。传染的力量非常强大，在它的影响下，个人甚至能够完全不计较利益得失。

由此说明了一个事实，凡是民众接受的观点，最终都会顽强地扎根于社会最上层，不管这些观点是多么荒诞。更有意思的现象是：社会下层对于社会上层的这种反作用，尽管群体信念总是或多或少地起源于某种更为高深的思想，但是它在自己的发源地一般起不了什么作用。当领袖与煽动者被这种高深的思想征服后，就会对其加以掌控、改造，最终改头换面为另一个宗派，然后向大众宣传普及，而大众又会对其进一步改造。当这种思想变为大众真理后，它会被再一次带回自己的发源地，并对这里的上层产生影响。从长远来看，是智力因素决定了世界的命运，但这种影响是间接的。当哲学家的思想经过我所描述的那些过程，最终取得胜利时，他们早已化为尘泥了。

3. 声望

当某种思想利用断言、重复和传染手段进行宣传后，会因环境而得到一种非常强大的力量，这种神秘力量就是声望。

世界上所有的统治力量，人也好，思想也罢，其强化权力的主要手段全是借助于这种不可抗拒的力量，即声望。这个词的表面含义人人都懂，但因其用法相差甚远而难以给出明确的定义。声望所涉及的情感有两种：崇拜和恐惧。有的时候这些情感是它存在的基础，但是脱离情感，声望也能够很好地延续下去。最大的声望属于那些已故的人，即我们曾经非常畏惧的人，如亚历山大、恺撒、穆罕默德和释迦牟尼。除此之外，还有一些我们知道根本不存在的虚幻形象，如印度地下神庙里的可怕神灵，也依靠强大的声望对我们产生影响。

声望，一般会利用某个人、某本书或者某种思想来掌控我们的头脑。这种掌控麻痹了我们的判断力，使我们沉浸在惊讶与敬佩的情感之中。这种情感与其他一切情感一样难以理解，好比着了魔一般。声望是一切权力的主因，无论是神灵、国王还是女人，要想占据一片天下都离不开它。

声望可分为两类：先天声望和个人声望。先天声望来自于头衔、财富和名誉，与个人声望无关。反之，个人声望基本为个体所特有，它能够与名誉、荣耀和财富共存，也可因此得到加强，但是离开它们，个人声望照样能够存在。

先天声望或者人为声望最为普遍。只要一个人谋得一官半职、占有一定的财富或者头衔，他就享有声望，不管他本人是多么一文不值。身着军装的士兵和法袍加身的法官总能令人心生敬畏。帕斯卡尔明确指出了法官的法袍和假发存在的必要性。没有了这些东西，他们的权威就会大打折扣。即使坚定的社会主义者，也会受到王公贵族形象的影响。当某个人拥有这种头衔，侵占商人的财产将变得易如反掌。

以上声望是由人来体现的，除此之外，还有一种声望是通过各种观点、文学和艺术作品等来体现的。这种声望一般是日积月累的结果。历史，特别是文学和艺术的历史，只是结论的不断重复，没有人去证实结论的真伪，每个人只是不断重复从学校学到的东西，直到无人再敢随意篡改这类名字和种种事物。对现代读者来说，研读《荷马史诗》无疑是一件极其枯燥的事情，但没有人敢如此坦言。巴特农神庙如今的样子只是一堆毫无看头的废墟，但是它的声望使它看起来不是实际的样子，而是伴随着一切重大历史记忆的沉浮。声望的显著特征就是让我们看不清事物的本质，使我们失去一切判断力。一般来说，群体和个体都需要对一切事情有现成的观点。这些观点的受欢迎程度与对错无关，只受声望的影响。

现在我们来看看个人声望。它的性质与人为声望或先天声望不同。它是一种与地位、权力无关，并且只有少数人所具备的特质。这种人能对他周围的人施展真正的魔力，尽管他们之间社会地位平等，并且也不具备统治手段。这种人迫使周围的人接受他们的思想与情感，而众人听从他们就好像吃人的猛兽听从驯兽师一样简单。

释迦牟尼、耶稣、穆罕默德、圣女贞德和拿破仑这些伟大的群体领袖都享有这种崇高的声望，并且他们得到的地位也多

只要一个人谋得一官半职、占有一定的财富或者头衔，他就享有声望，不管他本人是多么一文不值。帕斯卡尔明确指出了法官的法袍和假发存在的必要性，没有这些东西，他们的权威就会大打折扣。

归因于这种声望。各路神灵、英雄豪杰和诸家言说，都是依靠自身强大的力量才得以在世界范围内一往无前。当然，这些不可以加以细究，一旦细究便不复存在了。

我刚刚提及的这些伟人，在成名以前便已具备了这种神奇的魔力，可以说，假如没有这股力量作为后盾，他们也不会得到如此成就。举个例子，集万般荣誉于一身的拿破仑，仅仅依靠手中的权力就享有非常大的声望，因为当他还是一个无权无势的无名小辈时，他在某种程度上便已具备了这类声望。当他被派去指挥意大利的法国军队时，只是一名普通将军。到意大利以后，他发现自己处在一群粗暴的将领之中，这些人一心想给这位总部派来的空降兵一点苦头吃，幸亏有那些权贵给他当保护伞，因此第一次会面时，在没有借助任何言语、姿态或者威胁的情况下，他们一看见这位即将变得非同小可的人物时就被征服了。借助于当时的回忆录，丹纳对这次会面做了很有意思的描述：

“师部的将军中，奥热罗是个粗野彪悍的武夫，总是以自己伟岸的体格和无比的胆识而自得。他来到军营，对派给他们的法国暴发户心怀不满。关于暴发户的种种描述，奥热罗准备予以无礼的拒绝：一个巴拉斯的宠儿，一个因旺代事件（编按：法国大革命时期的一场农民叛变）而得到军衔的将军，他看上去粗鲁野蛮，以前的最佳成绩就是街头斗殴；因为他总是独自思考低劣的事情，便有了数学家和梦想家的名声。将军们被带来了，但拿破仑命他们在外面等待。终于，他身佩军刀出现在他们面前。他戴上军帽，说明了自己的计划，下达命令，最后让他们离开。奥热罗一直沉默不语，直到出门后才恢复常态，又像往常一样信口谩骂起来。他向马塞纳坦言，这个魔鬼般的小个子将军让他感到敬仰，他搞不懂那种从最一开始就将他压倒的气势。”

成名以后，拿破仑的声望伴随着他的荣耀与日俱增，甚至他已变为追随者心中的上帝。旺达姆将军，一介莽夫，一个大革命时期的典型军人，甚至比奥热罗更野蛮、更精力旺盛。1815 年，当他与阿纳诺元帅一起登上杜伊勒利宫的楼梯时，他对元帅提起拿破仑，他说："那个魔鬼般的家伙像是对我施加了魔法，连我自己都搞不懂。我既不怕神也不怕鬼，可是在他面前，我却畏惧得像个孩子一样直打哆嗦，恨不得找个洞钻进去算了。"

拿破仑对所有与他接触过的人，都能产生这种神奇的魔力。达武在谈到马雷和他本人的奉献精神时说："假如皇帝对我们说，摧毁巴黎，不让任何人离开或者逃走，这对我的政治利益非常重要。我相信马雷会保守这个秘密，但是他不会放弃让自己家人逃离这座城市的机会。而我会因为担心走漏风声，把我的妻儿留在家里。"

务必牢记这种魔力的惊人力量，才能够理解拿破仑奇迹般地从厄尔巴岛返回法国的伟大壮举——面对一个对他的专制统治非常厌倦的强大国家的全部武装力量，他独自一人闪电般地征服了法国。对于那些发誓要完成使命前来阻挡他的将军们，他只需一个眼神，他们便束手就擒。

英国将军吴士礼写道：“拿破仑，一个来自厄尔巴小岛的逃犯，几乎是单枪匹马地回到了法国。在几周的时间里，兵不血刃地把合法国王统治下的法国所有权力组织推翻。想论证还有比一个人的气势更惊人的方式吗？在这场战争中，自始至终，他都以一种非比寻常的气势压倒了同盟国，始终掌握着主动权。”

这是他的最后一场战役，差一点就打败他们了。拿破仑死后，他的声望仍然与日俱增。恰恰是他的声望，使他平凡的侄子登上了皇位。时至今日，有关他的记忆仍然如此深刻，有关他的传奇故事仍然被人们津津乐道。肆意迫害大众，屠杀数百万生灵，发动一次次的征战——只要你享有足够的声望并能够保持这种声望，你就能够为所欲为。

的确，我所举的都是一些有关声望的极不寻常的例子，但是这些例子对我们了解伟大的宗教、学说和帝国的起源是有帮助的。假如声望对群体不产生影响，那么这类伟业的建立也会变得不可思议。

但是，声望的基础并不仅限于个人权势、军事业绩和宗教信仰，它也可以有更加广阔而普通的来源，并且产生的力量毫不逊色。19 世纪为此提供了若干例证。其中让后人代代相传、记忆最为深刻的事例，是借由分割大陆而更改地球面貌和各国商业往来关系的卓越人物的经历。他之所以能够成就一番事业，不仅因为他意志坚强，还因为他具备影响周围人的魔力。为了平息一切反对的声浪，他只能展现自我。他言辞简练，流露出的魅力足以化敌为友。在所有的反对声中，英国人的声音是最强烈的，但只要他一出现在英国，人们便站在他这一边。当他晚年经过南安普顿时，一路上教堂的钟声不绝于耳。如今英国正在进行的一项运动，就是为了纪念他而立了一座塑像。

征服了务必征服的一切后，人类、沼泽、岩石和沙地，似乎没有任何困难能够阻挠他征服世界的脚步，他计划在巴拿马再开凿一条苏伊士运河。他仍然采取老办法进行这项计划，但是他已不再年轻，曾经支撑他前进的移山填海的信念显然已无法再帮他将高耸的山脉移走。群山不从，灾难跟着而来，英雄身上耀眼的光环终于被抹除了。他的一生揭示了声望形成并消失的整个过程。在得到了足够与历史上最伟大的英雄相媲美的成就以后，他居然被自己国家的官僚打成了最卑贱的罪犯。他离开人世的时候无人相伴，灵柩所经过的地方遇到的是一群麻木不仁、无动于衷的民众。幸运的是，外国政府仍然对他表示敬意以示怀念，就像对待历史上最伟大的人物一样。

上面所举的例子相对来说比较极端。但是，要想深入了解有关声望的心理学知识，将它们置于一系列极端的事例中是必要的。这些极端的事例既可以是宗教和帝国的创立者，也可以是因为一件新外套或者一个装饰品而在邻居面前显摆的人。

在这一系列极端的事例中，我们发现一切形式的声望都是由组成文明的不同要素引发的，如科学、艺术和文学等，并且声望也是说服群体的一个基本因素。在相互传染的作用下，那些享有声望的人物、观点或者事物，会轻而易举地成为人们有意或者无意的模仿对象，从而使整整一代人都具备同样的情感模式和思维表达模式。一般来说，这种模仿是无意识的，这正说明了它是一种理想的手段。那些临摹原始人类画作风格的现代画家，在灰白的色调和僵硬的姿态之间根本无法找到灵感的来源。他们觉得自己是真诚的，但是，假如没有一位知名大师让这种艺术形式复活，人们将接着无视艺术的真实面貌而只看到他们低级幼稚的一面。模仿另一位著名大师绘画风格的艺术家们，在画布上画满了紫罗兰，但他们并没有比 50 年前的画家观察到更多的紫罗兰。这是由于他们受到了这位画家个人独特见解的影响，即暗示作用。这位画家虽然行为古怪，却赢得了众所仰望的名声。在文明的所有因素中，类似的例子不胜枚举。

经由以上论述可以得到一个结论：声望是很多因素的结合体，而成功是其中最重要的因素。成功者的每个观点，因为成功这个事实，都会得到人们的认可，不再受到怀疑。因此，作为赢得声望最重要的台阶之一，成功一旦消失，声望也将随之消失。昨日受群体拥戴的英雄一旦失败，便会遭遇曾经拥戴他的民众的侮辱。声望越大，反应就会越强烈。在这种情况下，群体会将昔日的英雄视为自己的同类，并向自己曾经臣服却已倒台的权威进行报复。罗伯斯庇尔的下场就是很好的例子，一开始他将自己的同僚和大批人处死，得到了巨大的声望。但是，当再次选举惨遭失败后，他失去了所有权力，声望也马上随之消失，群体一反常态，开始齐声诅咒他，并最终将其送上了断头台，正如不久前他的受害者的遭遇一样。信徒们总是横眉竖眼地将他们以前信奉的神灵塑像打碎。

没有成功做后盾的声望很快就会消失。声望会被磨灭，可是受到争议的声望会消磨得慢一些。不管怎样，争议的力量是极其可靠的。当声望受到质疑时，它就不再是声望。能够长期保持声望的神或者人，都经不起争议的考验。为了让群体崇拜，务必与之保持距离。

第四章　群体的信念与意见的变化范围

1. 坚定不移的信念

一些普世信念具有不变性——文明的大方向正是由它们形成——很难把它们彻底清除——不宽容在某些方面被视为是一个民族得以生存的必要品质之一——某种在哲学上漏洞百出的信念仍然可以继续传播扩散。

2. 易变的群体意见

不是从普遍信念滋生的主张极为善变——百年来，思想和信念很明显具有善变性——善变的确切范围——善变会影响到多种事物——当下普世信念在发展中的消失，报业的混乱，使得现在的观点越来越多变——为什么群体在大多数事情上的主张是一致的——假如政府仍然采取过去的手段，一定没有引导群体意见的能力——现在的主张如果极度分歧，可以避免变得专横。

1. 坚定不移的信念

生物的结构特征与种族的心理特征之间有着密切的相似性。在生物的结构特征中，有一些稳定的或者有轻微变化的因素，它们的改变需要以漫长的地质年代来计算。除了这些稳定的、不可摧毁的特征之外，还有一些特征是通过饲养者或者园艺家的技艺就很容易改变的，有的时候它们会使漫不经心的观察者忽视那些基本特征。

在种族的道德特征上也可以发现同样的现象。几乎每一个种族都由两种因素组成，即不变的心理因素和可变因素。因此，我们在研究某民族的信仰与意见时会发现，在牢固的基础结构之上总是可以看见一些附加的意见，它们就像岩石上的流沙一样多变。

因此，群体的意见和信念可以分为截然不同的两类。一类是重要且稳固的信念，它们能够持续数世纪之久，成为整个文明的基础。例如古代的封建主义、基督教和新教、现代的民族主义原则、当代的民主和社会主义观念。另一类是短暂而容易改变的意见，它们一般是那些极易在每个时代生生灭灭的一般学说的产物。这方面的例子有影响文学艺术的各种理论，比如那些催生了浪漫主义、自然主义或者神秘主义的理论。一般来说，这些意见都是表面的，就像时尚潮流般变化多端，好比湖面上的涟漪，不断地起伏波荡。

伟大的普世信念屈指可数。它们的兴衰成为历史上每一个重要种族发展的转折点。它们构成了文明的真正基础。

用某些观念暂时影响群体极其容易，但是，要想让这些观念的影响力持久存在却很难。信念一旦得以建立，再想根除它也非常困难，唯一的办法就是进行暴力革命。甚至当信念完全失去了掌控人类思想的力量时，革命仍然是唯一的办法。在这种情况下，革命的任务是对早已被人抛弃的信念做最终的清理，因为习惯势力总是阻止人们彻底放弃它们。实际上，一场革命的开始意味着一种信念的终结。

当一种伟大的信念注定难逃一劫的时候很容易辨认，那就是它的价值开始受到质疑。一切普世信念全是虚构的，它生存的唯一前提就是不能受到考证查验。

可是，即使当一种信念受到严重冲击，建造于其上的各种制度仍保有它们的力量，消失过程会很漫长。最终，当信念完全丧失威力时，建造于其上的一切也将跟着消亡。迄今为止，没有哪个民族能够在改变其信念的情况下，不破坏其文化的一切组成要素。这个民族在持续这一转变过程时，会一直处于一种混乱无序的状态，直到他们接受了一种新的普世信念。普世信念支配着各种思想倾向，是文明不可或缺的支柱，是激发群体信仰并使其形成责任意识的基础。

各民族一直都很清楚拥有普世信念的好处，它们本能地发现，这种信念一旦消失，就是其衰败的开始。以罗马为例，罗马人征服世界的信念，是以他们对罗马的狂热崇拜为基础，一旦这种信念消失，罗马也必然走向毁灭。至于那些摧毁了罗马文明的野蛮人，只有当他们得到某种共同的信念，即达成某种团结并挣脱政治混乱的状态时，才能够做到这一点。

各民族在坚持自己意见的时候总是表现得非常褊狭，这不是没有理由的。这种褊狭是对哲学批判的不宽容，是民族得以生存最必要的品质之一。恰恰是为了找寻或者坚持普世信念，才会有如此多的发明家和改革者在中世纪被送上火刑柱，即使免于殉道也难免死于绝望之中。同样是为了坚持这类信念，地球上才会上演一幕幕让人惶恐的动乱，才会有数百万人死于战场或者将要死在那里。

建立普世信念的道路布满了荆棘，但是，一旦它明确地建立起来，便会长期具备一种所向无敌的力量。无论从哲学上看它是多么漏洞百出，它总能使自己被最智慧的人所接受。

在此前长达1500年的时间里，欧洲各民族不是一直认为像莫洛克神一样野蛮的宗教神话是不容置疑的吗？传说中的神为了报复违背自己旨意的一个生灵，对他的后代施以可怕的刑罚，之后的几百年间，居然从来没有人意识到这个神话传说极为荒诞。就连伽利略、牛顿、莱布尼茨如此卓越的天才，也从来没有质疑过这种说法的真实性。没有什么比普世信念的催眠作用更具有代表性，也没有什么能够更明确地表明人类的智慧存在令人汗颜的局限性。

一旦某种新的信条深入人心，便会成为制度、艺术和生活方法形成的力量源泉。在这种情况下，它对人们思想的掌控是绝对的。实践者只想着怎样将这种信念变为现实，立法者只考虑怎样将它付诸实施，哲学家、艺术家以及文人则一心钻研怎样将它以不同的形式表现出来。

基本信念能够产生一些短暂、次要的观念，但是这类观念一般会带有基本信念赋予的特征。埃及文明、中世纪的欧洲文明以及阿拉伯地区的伊斯兰文明，都是少数宗教信仰的产物。这些文明中即使最不起眼的组成要素，都留下了它们一眼即可辨认的特征。

因此，普世信念使每个时代的人生活在相似的传统、观念和习俗组成的环境中，这让他们表现出特别相似的特征，并难以挣脱这种环境的束缚。

人的行为主要受其信念以及由信念形成的习俗所掌控。即使人们生活中最细微的行为也受这些信念和习俗掌控，甚至最独立的精神也难以挣脱其影响。在不知不觉中掌控人们思想的暴政，是唯一的真正的暴政，因为你无从反抗。提比略、成吉思汗、拿破仑表面看来是令人敬仰的暴君，但是，长眠于地下的摩西、释迦牟尼、耶稣和穆罕默德则对人类精神实行着更为深远的控制。

想推翻暴君，可利用密谋的起义行动，可是怎样才能成功地颠覆一种坚定的信念呢？在与罗马天主教的激烈对抗中，最终被征服的是法国大革命，即使它借助了像宗教法庭一样无情的毁灭性手段、获得了群体的支持也于事无补。人类记忆深处的真正暴君，一般是对已故者的怀念或者无意识的幻想。

从哲学上看来非常荒诞的普世信念，总是会最终赢得胜利。当然，假如缺少这些无法解释的荒诞性，这些信念便无法取得成功。因此，即使如今的社会主义信念表现出明显的破绽，也不会妨碍它在大众中得到胜利。

宗教信仰提及的幸福理想只能实现于来世，因此没有人能够提出质疑；而社会主义者提出的幸福理想是要在当下实现的，一旦有人为此付出努力，它的承诺的虚无空洞也许会暴露无遗，从而使这种新的信念很快瓦解。唯有在这种想法下，社会主义显得逊于一切宗教信仰。因此，当社会主义胜利时，即信念实现的那一刻，它的力量也将不再增长。恰恰是基于这一点，它虽然和以前所有的宗教相同，最初带来的是一种毁灭性的影响，未来却无法发挥创造性的作用。

2. 易变的群体意见

我们已经说明坚定的信念具备强大的力量，在这种信念深层特征的表面之上，还存在着一些不断生生灭灭的意见、观点和思想。它们有的寿命仅有一天，即使是其中的长寿者，其生命周期也长不过一代人的寿命。这种意见的变化总是受到种族因素的影响，因此有的时候只是表面现象。

在观察法国政治制度时，我们指出，虽然表面上各政党很不一样，如保皇派、激进派、帝国主义者和社会主义者，但是深层上，它们有着绝对统一的理想，并且这个理想完全是由法国民族的精神结构决定的。因此在其他民族中，我们会发现相同的名称下存在着完全对立的理想。

针对同一意见，不管是再一次为其命名，还是改变其用法，都不会改变事物的本质。法国大革命时期的人们深受拉丁文化的熏陶，他们的视线始终没有离开罗马共和国，罗马的法律、权标、法袍都成了他们模仿的对象，但是因为他们处在具有强大历史意义的帝国统治之下，他们没有变为罗马人。哲学家的任务就是在这种纷繁复杂的表面之下，挖掘出古老的信念得以延续下去的原因，找出在不断变化的意见中受普世信念与种族特征影响的因素。

假如我们不做哲学方面的检验，就会进入一个误区：群体能够随意改变自己的政治或者宗教信仰。因为历史为我们提供的经验貌似全都论证了这一观点，不管是政治的、宗教的还是文学的。

为了论证以上观点，让我们用1790年至1820年这三十年的法国历史作为证据，这正好是一代人的时间。

在这段时间里，我们看见群体从最初的君主制支持者转变为激进的革命者，接着又支持帝国主义，最终再度支持君主制。在宗教方面，他们从天主教的虔诚教徒转变为无神论者，然后又变为自然神论者，最终又回归为最虔诚的天主教徒。这种转变不仅发生在群体之中，还发生在他们的领袖身上。我们惊奇地发现，国民公会中的某些权要、国王的死敌以及那些不信神灵也从不尊重领袖的人，居然心甘情愿地沦为拿破仑谦卑的仆人，以后他们又在路易十八的统治下，虔诚地手持蜡烛行走在宗教队伍之中。

在之后的半个多世纪里，群体的意见又发生了多次变化。

19世纪初，背信弃义的英国贵族与拿破仑的继承者统治下的法国结为盟友；曾两度受到法国入侵的俄国也成了法国的朋友，并在一边幸灾乐祸地见证着法国的倒退。

文学、艺术以及哲学上的观点变化更加迅速。浪漫主义、自然主义以及神秘主义等理论轮番登场。今天还受人追捧的艺术家和作家，明天就被视如敝屣。

在分析了所有这些表面变化后，我们惊奇地发现，一切与普世信念和种族情感相悖的观点，都没有广阔的生存空间，它们会很快再次回归主流。

凡是与普世信念或者种族情感无任何联系的观点都是易变的，是受机遇摆布的玩偶，或许应该如此说：会随周围环境的变化而变化。受暗示与传染影响而形成的观点总是短暂的，它们短暂诞生与飞速消失的命运，就像沙滩上受海风主宰的一座座沙丘。

现在，群体易变的意见比以往任何时候都要多，这主要有三个原因：

首先，当以往的信念渐渐失去力量时，它们便无法再像以前那样形成当时的短暂意见。普世信念的衰弱为一批既无历史也无未来的偶然意见扫清了道路。

其次，群体的力量与日俱增，能与之抗衡的力量越来越少。因此，群体意见的易变性得以无拘无束地表现出来。

最后，因为最近报业的发展，所有对立的观点开始源源不断地出现在群体面前。一个观点产生的暗示作用，很快会被另一个对立观点的暗示作用所抵消。因此，没有一种观点可以得到普及，所有都转瞬即逝。如今，一种观点在被广泛接受以前就已消失不见。

在世界发展进程中，这些不同的原因造成了一种全新的现象，它是这个时代最显著的特征，当然，我想暗示的是政府引导舆论的无能。

凡是与普世观念或者种族情感无任何联系的观点都是易变的，是受机遇摆布的玩偶，它们短暂诞生与飞速消失的命运，就像沙滩上受海风主宰的一座座沙丘。

过去，即不久以前，政府举措、少数作家和几家报纸的影响力，就能够真实地反映公众舆论。而如今，不仅作家丧失了一切影响力，报纸也变为意见的传声筒。至于政治家，引导舆论对他们来说比登天还难，他们唯一能做的就是作为舆论最忠实的追随者。他们害怕舆论，甚至到了恐惧的程度，因而他们经常改变行动路线。

因此，群体的意见对政治发展的方向具有越来越重要的作用。它能够促使国家结盟，如以前的法俄结盟就完全是一场大众运动的产物。现在，我们发现一种奇怪的征兆，教皇、国王和君主们特别乐意接受采访，因为他们将这种方法看作民众观察自己对某一问题的看法的途径。在政治上不可感情用事，在过去或许还算准确。可是，当政治越来越受到善变的、不受理性影响只受情感掌控的群体冲动的影响，我们还能这样说吗？

至于曾经引导舆论的新闻媒体，早已和政府一样在群体力量面前屈尊俯就。即使如此，媒体仍然具备强大的影响力，因为它们是群体纷繁的意见及其不断变化发展的记录者。

作为仅仅提供信息的部门，新闻媒体从不给人们的思想强加某种观念或者学说。为了能够在同行的竞争中取胜，留住读者群，它们还不得不紧随大众思想的变化潮流。

过去以严肃著称的报纸，如《宪法报》《论坛报》《世纪报》，被上一代人视为智慧的传播者，如今它们不是销声匿迹，就是转型变为典型的现代报纸，最具价值的新闻被夹杂在各类消遣文章、社会八卦和金融谎言之中。

如今，即使一家资金充足的报纸也不可能让其撰稿人发表自己的观点，因为读者需要的是各种消息或者一些消遣娱乐，他们对毫无依据的猜测做出的所有断言一概表示怀疑，因此这些观点对于读者没有任何价值。即使是评论家也不敢再信誓旦旦地说某本书或者某个剧本一定会成功。他们能做的只是恶语伤人，却帮不上忙。

各家报纸都清醒地发现，评论与个人观点毫无价值，因此它们禁止发表文学评论，仅列出书名，附上两三句鼓吹之词。在未来的20年里，戏剧评论可能也会遭遇同样的境遇。

今天密切跟踪观点变化的过程，早已成为新闻媒介和政府的首要任务。它们需要持续了解一个事件、一项法案或者一次演讲带来的影响。完成这项任务并不容易，因为没有什么比群体的思想更加多变。如今，群体对他们昨天还推崇的事物转而深恶痛绝的现象变得尤为频繁。

不存在任何舆论引导的力量，加上普世信念的消失，最终将使每种信念都存在着极端的分歧，使群体对一切不明确触动他们直接利益的事物越来越冷漠。对于像社会主义之类的学说来讲，它们的问题是只能在非文化阶层中发现拥护者，如矿山或者工厂里的工人，这些人一个个吹嘘自己对这种信仰是多么忠诚、多么坚定。中产阶级的下层成员以及受过一些教育的工人，不是变为了彻底的怀疑论者，就是变得极端善变。

近 25 年来，这一方向的转变极为引人注目。在此之前的那个时期，虽然与我们相距不是很远，人们的观点仍具备某种整体趋势，因为他们都拥有某种基本信念。仅凭某人是君主制拥护者，我们就能够推断他必然拥有某种明确的历史和科学观点；同样的，仅凭某人是共和主义者，便能够推断他有着完全相反的观点。

君主制拥护者非常清楚，人类不是由猴子进化而来的；共和主义者则非常清楚人类就是由猴子变的。说到大革命时，君主制拥护者应当心生恐惧，共和主义者则应当充满崇敬。说到罗伯斯庇尔和马拉这些名字，语气中一定会带有宗教式的虔诚，而说到恺撒、奥古斯塔或者拿破仑这些名字，一定会伴随着一阵猛烈的抨击。甚至在法国索邦神学院，也普遍存在这种简单认知历史的方法。

如今，因为不断议论与分析，一切意见都失去了原有的声望。它们的显著特征快速消失，以至于无法唤醒我们的热情。现代人越来越被冷漠侵蚀。

对于意见的整体衰退，我们不必过于悲叹。毫无疑问，这是民族生命衰落的征兆。但不可否认的是，与那些事事否定、批判的人或者麻木不仁的人相比，伟人、具备超凡洞察力的人、传道者以及群体领袖，总之是真诚且信念坚定的人，能够发挥更大的影响力。

但是不要忘记一点，如今群体拥有强大的力量，一旦某个观点赢得足够的声望而被广泛接受，它就会产生一种让所有事物屈服的专制力，那么一切自由探讨将被长期禁锢。有的时候，群体是性情温和的主人，就像是赫利奥加巴鲁斯和提比略，但是他们又总是表现得反复无常。当一种文明受到群体掌控时，它会因为受到太多因素影响而无法长期维持下去。假如有什么能够延迟这种文明的灭亡，那就是群体意见的易变及他们对所有普世信念的无视。

第三卷　群体的分类及其特征

第一章　群体的分类

1. 异质群体

异质群体的不同种类——种族的影响——种族精神越强大，相对来说，群体精神越弱小——种族精神象征着文明状态，群体精神象征着野蛮状态。

2. 同质群体

同质群体的不同种类——教派、社会阶层和等级。

我们在本书中早已勾勒出群体心理的一般特性。要注意的是，不同类型的一群人在合适的刺激下变为群体时，除了一般特征外，还会产生一些独有的特性。首先，我们简单说说群体的分类。

我们先从简单人群说起。当人群由来自不同种族的个体组成时，便形成了最初级的形态。在这种情况下，唯一能够促进团结的共同纽带是意志力，换句话说就是领袖受尊重的程度。这种人群的典型例证可以援引几百年来不断入侵罗马帝国、来源极其复杂的野蛮人。

与以上这类由不同种族个体组成的简单人群相比，那些在某些影响下获得共同特征并最终形成种族的人群更为高级。有的时候他们体现出群体特征，但这种特征总是或多或少地受到种族因素的影响。

在本书中讲述过的某些因素影响下，这两种人群都可以转变为组织化群体或者心理群体。我们将组织化群体分为以下两类：

（1）异质群体

①无身份、无名位群体（如街头群体）

②有身份、有名位群体（如陪审团、议会）

（2）同质群体

①派别群体（如政治派别、宗教派别）

②身份团体（如军人、僧侣和工人）

③阶级群体（如中产阶级、农民阶级）

我们将简要说明这些不同类型群体的特征。

1. 异质群体

我们一直在研究这种群体的特征。群体是由特性、职业和智力水平各不相同的个体组成的。

我们发现，当群体成员参与某项行动时，他们的集体心理与个体心理有着本质的差异，这种差异会影响他们的智力水平。

我们早已明白智力对群体不起作用，他们只受无意识情绪的掌控。

一个基本因素即种族因素，使不同的异质群体几乎截然不同。

我们经常说到种族因素的作用，指出它是支配人类行为的最强大的因素之一。不仅如此，我们发现它同样影响群体特征。由个体偶然组成的群体，如果他们全是英国人或者中国人，与由同一类型的个体却来自不同种族如俄国、法国或者西班牙组成的群体相比，两者会有很大不同。

当一个群体在某种环境下形成，并且包含来自不同民族的个体时——这种情况虽然非常罕见，但是它一旦发生，他们天生的心理结构所造成的情感和思维模式的巨大差异会马上凸显出来，不管表面上使他们走到一起的利益有多么一致。

社会主义者试图通过召集各国工人阶级代表参与会议的方式将他们集合在一起，但是，最终却以公开的冲突分道扬镳。

不管是革命的还是保守的拉丁民族群体，为了实现自己的目的，他们总是会借助国家的力量。他们会非常明显地表现出对中央集权的倾向以及对独裁统治或明或暗的支持。相反的，英国人和美国人只注重自己的主动性，根本不理会国家的作用。法国人重视平等，英国人重视自由。种族间的差异说明了有多少个民族几乎就有多少种不同形态的社会主义和民主。

因此，种族特征对群体性格起着至关重要的作用。它的力量十分强大，能够支配群体性格的变化。因此，我们可以得出一个基本定律：种族精神越强大，群体的次要特征越不明显。群体的状态和掌控群体的力量类似于野蛮状态，或者是这种状态的回归。

因为种族得到了一种稳固的群体精神，使它能够最大限度地杜绝群体盲从的影响，走出野蛮状态。除了种族因素，异质群体最重要的分类就是将其分为：无身份、无名位群体，如街头群体；有身份、有名位群体，如议会和陪审团。前者缺少责任感，而后者则恰好相反，具备很强的责任感，这种差异通常使其行为特别不同。

2. 同质群体

同质群体包括：（1）派别群体；（2）身份团体；（3）阶级群体。

派别群体是同质群体组织化过程的第一步。派别中的成员往往有着不同的教育背景，来自不同的行业和阶级，但是共同的信仰将他们紧密地联系在一起。宗教和政治派别就是典型的例子。

身份团体是组织化程度最高的群体类型。派别中的成员来自各行各业，而且教育程度与所处社会环境截然不同，他们仅凭共同的信念走到一起；而身份团体的成员来自同一行业，因此他们的教育程度和社会地位也很相似，如军人和僧侣。

阶级群体的成员与上述两种群体有很大的区别，其成员既不是因为拥有共同的信念，也不是因为有着相同的职业，而是因为几乎相同的利益、生活习惯和教育经历。比如中产阶级和农民阶级。

本书只对异质群体进行研究，对同质群体（派别、身份团体和阶级）的研究将在另一本书中进行，对此我不再赘述。

我将考察几种典型的群体，然后对异质群体的研究做出总结。

第二章　犯罪群体（受无意识支配的刽子手）

1. 无意识的行凶者

犯罪群体的动机——一个群体在法律上犯罪，不可能在心理上犯罪——群体的行为完全是无意识的。

2. 疯狂的大屠杀

从心理学上去分析九月大屠杀——犯罪群体的行事逻辑、残忍和道德感。

1. 无意识的行凶者

兴奋期过后，群体会进入一种完全无意识的状态，这时他们只受暗示影响，因此他们很难称得上是犯罪群体。

我只能暂时保留这一错误的结论，因为最近的心理学研究使这个观点变得非常流行。假如就行为本身而言，群体的某些行为的确是犯罪。这种犯罪行为好比一只老虎为了好玩，让它的幼崽将一个印度人撕裂后再把他吃掉一样。

犯罪群体的动机一般来自于强烈的暗示，参与这种犯罪行为的个体事后都坚信，他们这样做是尽忠职守，远非一般意义上的犯罪。

群体犯罪的历史说明了一切。

巴士底狱监狱长德·劳奈的遇害可以看成是群体犯罪的典型案例。巴士底狱被占领后，监狱长德·劳奈被一群兴奋不已的人团团围住，并遭到了来自四面八方的拳打脚踢。

有人建议将他绞死，砍下他的头，将尸体拖在马后游行。

在反抗的过程中，德·劳奈无意中踢到了在场的某个人。因此，有人提议让那个被踢到的人割断监狱长的喉咙，这个建议马上得到在场所有人的同意。

他是个正在休息的厨师，无聊的好奇心使他来到巴士底狱，想看看这里到底发生了什么。因为大家都这样认为，他也觉得这是一种爱国行为，甚至觉得自己应该得到一枚勋章，奖励自己手刃恶魔。他拿着一把借来的刀对着裸露的脖子下手，

巴士底狱被占领后，监狱长德·劳奈被一群兴奋不已的人团团围住，并遭到来自四面八方的拳打脚踢。一位前来围观的厨师从口袋里掏出一把黑柄小刀对着德·劳奈裸露的脖子下手，并成功地完成了任务。

但是刀有点钝，怎么也割不动，于是他从口袋里掏出一把黑柄小刀（厨师应该对切肉很在行），成功地完成了任务。

在这个例子中，我们可以清楚地看到暗示的作用。我们听从的暗示由于来自群体而显得更加强大。行凶者认为自己的行为非常值得赞扬，他的想法因为得到同伴的一致认可而显得更加理所当然。这种行为在法律上属于犯罪，但从心理上来看却不是犯罪。

与我们以前探讨过的一切群体特征完全相同，犯罪群体的一般特征也包括易受暗示、轻信、善变、情感夸张以及表现出某类道德等。

2. 疯狂的大屠杀

我们发现，法国历史上最凶残的群体，即参与“九月惨案”的人们，群体的所有特征在他们身上暴露无遗。

实际上，他们与制造“圣巴托罗缪惨案”[①] 的人非常相似。丹纳根据当时的文献资料对“九月惨案”有过详细的描述，我将引用其中的部分细节。

没有人确切知道是谁下令或者建议以屠杀犯人的方法来清空监狱。不管是丹东还是其他什么人，都早已不重要。我们感兴趣的是被指控谋杀的群体受到的强烈暗示作用。

这个犯罪群体有三百余人，完全是个典型的异质群体。

除了少数职业流氓外，主要是一些小店主和各行各业的工

---

① 编按：1572 年发生的一场令 2000 多人丧生的大屠杀，时值宗教战争

匠，如靴匠、锁匠、理发师、泥瓦匠、店员和邮差等。他们在受到暗示后，就像前面提及的厨师一样，确信自己是在完成一项爱国主义行动。他们进入一间办公室后，马上化身为法官并执行死刑命令，在这个过程中，他们丝毫没有意识到自己是在犯罪。他们深信自己肩负着神圣而重要的使命，于是开始着手搭建一座特别法庭，同时表现出群体简单且低级的正义感。考虑到被告人数众多，他们决定将贵族、神父、官员和皇室成员，即那些在爱国者眼中仅凭职业就被认定有罪的人全部处死，因为他们认为没有必要一个个进行审判。对于其他人，他们依据这些人的个人表现和声望进行判决。

经由这种方法，群体低级的良知得到了满足。如今能够合法地进行屠杀了，凶残的天性得到了释放。这种本能的起源我以前曾经讨论过，群体总能将这种本能发挥到极致。一般来说，群体的这种本能不妨碍他们表现出一些相反的情感，他们柔软的心肠通常与他们的凶狠残暴一样极端。

“他们对巴黎工人怀着友善的同情和深深的理解。在阿巴耶，那伙人中有人得知犯人已断水 24 小时后，一心想把狱警打死，如果不是犯人们求情，他们真的会这样做。当临时法庭宣告一名犯人无罪时，在场的所有人包括警卫和刽子手都万分激动地与他拥抱，并疯狂地鼓掌。”之后大屠杀的序幕再一次被拉开。在这个过程中，欢快的气氛从来没有间断过，到处都是手舞足蹈的人。处死贵族时，女士们坐在女士专属的长凳上，满怀喜悦地见证这一时刻的到来。这种公开表演一直被赋予一种特殊的正义感。

阿巴耶的一个刽子手抱怨道，由于女士们离看台太近了，现场能够享受手刃贵族快感的人很少，应该确保观看的公平性。于是，他们决定让受害者在行刑以前慢慢地经过两排刽子手，而刽子手们则尽职尽责地用刀背行刑，以延长受害者的痛苦时间。在福斯监狱，受害者被扒得精光后，施以半小时的凌迟极刑，当在场的每个人都看够了，才将他们一刀剖腹。

刽子手确实也会心有不安并表现出一种我们曾经提到过的存在于群体中的道德感。他们拒绝占有受害者的钱财和珠宝，把它们全都放在会议桌上。

群体心理特征——低级的逻辑推理通常体现在他们的所有行为中。因此，在屠杀了1200到1500个民族敌人以后，有人提议将监狱里关押着的老弱病残、乞丐以及流浪汉统统杀掉，因为这些人对社会毫无用处。这个建议一提出便被采纳。

当然，他们中间一定也有人民的敌人，如一个曾投毒杀死丈夫的寡妇德拉卢，她一定对蹲监狱非常恼火，假如有机会，她一定会一把火烧了巴黎。她一定这样说过，她是说过。要不杀死她算了。这种推论貌似很有说服力，于是监狱里的囚犯一律被处死了，其中的50名12至17岁的孩子也没有幸免于难，他们当然也成了人民公敌，因此全都被除掉了。

一周的忙碌接近尾声时，所有的杀戮即将终了，刽子手可以好好休息了。他们确信自己为祖国立了大功，于是前往政府要求领赏。极端狂热的人甚至要求授予其奖章。

1871年巴黎公社的经历也为我们提供了一些类似的事例。群体势力不断增长，权力组织在他们面前连连失利，所以我们一定还会看见许多诸如此类的事件。

第三章　刑事陪审团

（比法官更具人情味的刑事群体）

1. 非高智商群体

陪审团的一般特征——数据显示，陪审团的决定与他们的人员构成没有关系。

2. 情感的奴隶

如何才能给陪审团留下深刻印象——辩护的形式和作用——赢得关键人物支持的技巧——让陪审团给予宽容或严惩的罪行的本质。

3. 无事者的保护伞

陪审制度的效用——由地方法官代替陪审团可能造成的危害。

1. 非高智商群体

由于无法在此对所有类型的陪审团一一进行研究，因此我将对其中最重要的，即法国刑事法庭的陪审团展开研究。这些陪审团是有名称的异质群体的绝佳案例。我们会发现他们表现出易受暗示且缺少逻辑的特性：当他们受群体领袖影响时，主要是他们的无意识情感在起作用。在研究的过程中，我们时常碰到一些不懂群体心理的人犯下错误的有趣案例。

首先，当群体成员做出某项判决时，其智力水平并不重要，在这方面，陪审团恰好是如此。我们早已知道，当审议大会对某个并非完全技术性的问题发表意见时，智力毫无用处。举个例子，在一般性问题上，一群科学家或者艺术家仅仅因为形成了团体，便无法做出明智的判断，与泥瓦匠或者杂货商做出的判断没有多大区别。在不同的时期，特别是 1848 年以前，法国政府对陪审团组成人员的筛选把关极严，陪审员都是从知识分子中挑选，如教授、官员、文人。而如今，陪审员多来自小商人、小资本家和雇员。可是，令专家百思不得其解的是，不管组成陪审团的是什么人，他们所做的判决总是一样。甚至那些敌视陪审制度的地方官，也不得不承认这个事实。刑事法庭前庭长贝拉·德·格拉热在其回忆录中，对这一问题发表了以下看法：

“如今的陪审员选择权实际上由市议员掌控，他们根据自己的政治和选举需要来选拔或者淘汰候选人——被选中的陪审员大多是商人（他们的地位早已今非昔比），或者是政府部门的工作人员……一旦法官开始审理案件，他们的观点和职业便毫无意义。很多陪审员怀着新人的热情和最良好的意愿将自己放在谦卑的地位，陪审团精神仍然不变：判决依然如故。”

在这段描述里，我们要牢记于心的是贝拉·德·格拉热的结论，而不是毫无说服力的解释。我们不必讶异于这种解释，因为律师通常和法官一样，对群体心理一无所知，更别说陪审团了。从作者引用的一个事实中，我发现了一个证据。他说，刑事法庭最杰出的出庭律师拉肖先生，想方设法地反对聪明的陪审员出现在陪审员名单上。可是最终，经验让我们明白这种反对都是无用的。如今的公诉人、出庭律师甚至巴黎监狱里关着的所有人，都放弃了他们反对陪审员的权利，这足以证明反对陪审员是无用的。正如贝拉·德·格拉热所述，判决仍然不变，结果不会更好，也不会更差。

2. 情感的奴隶

和群体一样，证据对陪审团几乎没有任何用处，因为情感因素深深地影响着他们。一位出庭律师说：“他们受不了面对一位哺育婴儿的母亲或者孤儿。”贝拉·德·格拉热说：“一个妇女要想赢得陪审团的支持，只要装出唯命是从的样子就足够了。”

陪审团对那些可能危害自己的罪行毫不手软，当然，这些罪行对社会危害最大。而对那些出于情感因素造成的违法案件，陪审团便心慈手软起来。对于未婚先孕的杀婴母亲，对于用硫酸泼诱奸或者抛弃自己男人的年轻女性，他们很少表现得十分严苛。他们本能地认为社会仍然照常运转，这种犯罪对社会的威胁不大；并且当一个不受国家法律保护、被人抛弃的女孩为自己报仇时，这种行为非但无害反倒有益，因为这可以事先恐吓那些潜在的感情骗子。

陪审团和其他任何群体一样，深受声望的影响。贝拉·德·格拉热非常明确地指出，陪审团的组成虽然非常民主，但他们在好恶倾向上却非常贵族化：“头衔、出身、财富、声望以及著名律师的助阵，总之，一切与众不同或者能给被告增光的事情，对其都特别有利。”

一名出色的律师，他的工作重心应该放在怎样影响陪审团的情感上，与对付群体的方法一样，适时的说理不要太多，或者只采取最低级的推理方法。在刑事法庭上赢得多场官司的英国大律师，详细列出了以下应当遵循的辩护准则。

“辩护时，他要留心观察陪审团的反应。最有利的机会始终存在。律师依靠自己的判断和经验，从陪审员不同的面部表情中猜测每句话的效果，最终得出自己的结论。他首先要做的是，确认哪些陪审员已经赞同他的辩护理由，赢得他们的支持

陪审团和其他任何群体一样，深受声望的影响，陪审团的组成虽然很民主，但它们在好恶倾向上却非常贵族化。一切与众不同或者能给被告增光的事情，对其都特别有利。

不花费很多工夫。随后他应该把注意力转向那些心怀恶意的人，努力找出他们敌视被告的原因，这是最棘手的一个环节。因为除了出于正义感外，判一个人有罪可以有无数理由。”

这些话重构了辩护技巧的所有要领，也让我们懂得了事先准备的演讲总是收效甚微的原因——务必根据演讲所产生的不同反应随时更改说辞。

辩护者不一定非要使每个陪审员都赞同自己的观点，他只需赢得那个影响普遍意见的领袖人物的支持即可。和群体一样，陪审团中同样存在着领导其他人的少数人物。前面提到的英国大律师说：“通过经验，我发现一两个有影响力的人就足以使其他陪审员跟着他们走。”借由巧妙的暗示，我们只需赢得这一两个人的信任。首先，我们必须取悦他们。假如我们已经成功赢得群体中某个人的好感，那么这个人即将被我们说服。这时不管提供什么证据，他都可能非常信服地接受。我从有关拉肖的报道中摘录了一段趣闻，以示启发：

“众所周知，在刑事案件庭审时，拉肖每次辩护时视线绝不会离开那两三个他知道或者感到有影响力但态度顽固的陪审员。他通常能够成功赢取这些顽固的陪审员的支持。可是有一次，他在外地为了说服一个陪审员，不得不运用最狡黠的辩护技巧，进行了长达45分钟的辩护，但那人仍然无动于衷。

“他是坐在第二排第一个的七号陪审员。这种情况令人非常沮丧。忽然，在激情陈述的过程中，拉肖停歇了片刻，对审判长说，‘阁下能否下令将前面的窗帘放下？七号陪审员已经被阳光刺得睁不开眼了。’那位陪审员红着脸，朝他微笑表示谢意。就这样，他被争取到了辩方这边。”

3. 无辜者的保护伞

最近，很多作家包括一些知名作家，发起了一场反对陪审制度的轰轰烈烈的运动。可是，面对一个无法掌控的团体不断犯下的错误，这种制度是保护我们免受其害的唯一办法。

有些作家主张陪审员只能产生于知识阶层，但是我们已经证实，即使这样做了，陪审团依然会做出与现行陪审制度相同的判决结果。另一些作家公开指出陪审团所犯的错误，希望能够将其废除并让法官取而代之。令人不解的是，这些自称自许的改革家怎么忘了，陪审团犯下的错误首先应归咎于法官。当被告被带到陪审团面前时，他早已被一些法官、督查官、公诉人和初审法庭认定有罪了。因此很明显，假如是法官而非陪审团对被告做出判决，他会丧失最终找回清白的机会。因此，陪审团的错误首先是法官的错误。当特别严重的司法错误发生时，首先应该受到指责的是法官。

举个例子，最近对 L 医生的定罪就是如此。一个半痴呆的女孩指控 L 医生为了 30 法郎给她做了非法手术。而一个糊涂透顶的督查官仅仅凭借这个女孩的告发就对 L 医生提出起诉。

如果不是触犯众怒，使最高法院院长马上将L医生释放，他一定会被劳役拘禁。这个被宣告有罪的人得到了同乡的认可，使这桩错案的无理性暴露于众目睽睽之下。这些地方法官也承认这位医生是无辜的，但出于身份的考虑，他们仍尽力阻止赦免令的签署。

在所有类似的案件中，陪审团遭遇无法理解的技术问题时，自然会倾听公诉人的陈述。因为他们觉得，这些擅长剖析最错综复杂案情的法官早已对案件进行了调查。

那么，谁是制造错误的真正元凶，陪审团还是法官？我们应当极力维护陪审团制度，因为它可能是唯一一种不能由任何个人替代的群体类型。只有它才可以使严酷的法律易于让人接受，这种法律对人一视同仁，原则上不允许任何特殊情况发生。法官冷酷无情，只遵循法律条文的制定，在对待入室劫杀者和受诱骗者抛弃而杀婴的不幸贫穷少女时，他那严肃的职业习惯会使他做出同样的惩罚裁决。而陪审团则本能地认为，与诱骗者相比，受骗少女的罪过要小得多，即使诱骗者没有触犯法律，她也理应得到宽待。

在熟悉了身份团体的心理，以及其他各类群体的心理以后，我不再觉得一件受到错误指控的犯罪案件，应该去与法官而不是陪审团交涉。从陪审团那里我应该还能找回清白，而法官却丝毫不可能承认自己的错误。群体力量令人生畏，而某些身份团体则更甚之。

群体易说服，身份团体却不是如此。

第四章　选民群体（政治机器的杰出作品）

1. 迎合制胜

选民群体的一般特征——说服他们的方法——候选人的必备素质——声望的必要性——工人和农民几乎不选来自自己阶层的候选人的原因——词语与套话对选民的影响。

2. 无休止的争论战

选民群体的意见如何达到统一——选民委员会的权力——他们代表着最可怕的专制形式——大革命时期的委员会。

3. 普选权

普选权的优缺点——即使把选举限定在某个阶层的选民，其票数依然保持不变的原因——选举结果究竟受什么左右。

1. 迎合制胜

选民群体，即有权选举某人担任官职的集体，它属于异质群体。但是，由于他们的行为仅限于一件明确规定的事情上，即在众多候选人中做出选择，因此他们只具备前面说到的少数特征。在群体特征中，他们表现出缺乏推理能力和批判精神、易怒、轻信且头脑简单的特性。另外，他们的决策同样受到群体领袖以及断言、重复、声望、传染这些我们前面列举过的因素影响。

下面我们来看看说服选民群体的方法。通过最有效的方法，可以很容易发现他们的心理特征。

首先，候选人应该享有声望。而财富是能够替代个人声望的唯一因素。才能甚至天赋都不是非常重要的成功要素。

其次，享有声望的候选人务必让自己被选民毫无争议地接受。选民大多是工人或者农民，而他们的同行在他们的眼中很少能产生威望，因此他们很少选择让自己的同行来代表自己。即使他们偶尔会选出同行，一般也是出于某些次要原因。比如故意与选民平时依靠的某个大人物或者有权势的雇主作对，因为通过这种方法，他们能产生一时成为其主人的快感。

因此，候选人要想确保选举万无一失，仅有声望还不够。

选民特别看重候选人表现出来的抱负和信心。因此他务必用最夸张的方法哄骗选民，毫不犹豫地向他们做出天马行空的承诺。

假如选民是工人，不管用多恶毒的语言侮辱和蔑视雇主都不过分。至于竞争对手，候选人务必通过断言、重复和相互传染的方法，让人们觉得他是个十足的混蛋，其罪行已人尽皆知。当然，为任何表面证据费神都是无用的。对手假如不熟悉群体心理，他会以各种证据来阐述自己的观点，而不是只用断言来对付断言，因此他将毫无胜算可言。

候选者的书面纲领不要过于绝对，因为这可能会被对手利用，从而得到反驳的机会，而口头纲领再怎么高谈阔论都不为过。不要害怕承诺要进行最重大的改革。一旦做出承诺，这种夸大其词的说法会产生很大影响，却对未来毫无约束力。因为这需要选民的持久观察，而他们绝不情愿为此费心，他们并不在乎自己支持的候选人贯彻其竞选纲领到了什么程度，但这场选举却会依靠这个竞选纲领取胜。

在以上情况中，我们能够看到以前探讨过的所有说服因素。我们曾强调话语和说辞的神奇掌控力，在它们发挥作用的时候，我们能再次看到这些说服因素。一个懂得怎样运用说服手段的演讲者，能够让群体做任何他想做的事。即使是那些早已被用烂了的表达方法，如不义之财、无耻的剥削者、可敬的工人、财富社会化等，永远不会失去其巨大的效力。

另外，候选人想出的一套意义极其空洞的新词，假如能够迎合各种不同的需要，也必然会帮助他获胜。1873 年，西班牙爆发的那场血腥革命，就是由一个晦涩难懂、每个人都有着自己理解的词语引发的。当时的一位作家描述了这个词语的诞生，值得在此引述：

“激进派发现集权制共和国其实是伪装的君主国，于是，为了迎合激进派，议会全体正式宣布成立一个联邦共和国，尽管没有人明白自己投票赞成的是什么。但是，这种说法让人皆大欢喜，这种喜悦让人激动不已。

“充满美德和幸福的年代即将到来。假如共和主义者的对手拒绝承认其联邦主义者的称号，他会觉得自己受到了致命的侮辱。人们在大街上以‘联邦共和国万岁！’互相表示问候。随后颂扬声四起，对军队没有纪律这种令人难以理解的‘优点’以及士兵自治进行歌颂。

“什么是‘联邦共和国’？有些人觉得这种制度意味着各省的解放，与美国联邦制及行政分权制非常相似。另一些人则觉得它消灭了一切权力，加速了社会变革的进程。

“巴塞罗那和安达卢西亚的社会主义者坚决维护公社至高无上的权力，为此，他们建议政府建立一万个独立自治区，制定自己的法律，同时遏制警察和军队势力的发展。南部各省的起义很快在城市、乡村间蔓延开来。第一个发表宣言的村庄发布公告，他们要破坏电报线和铁路线，切断与邻近地区及马德里之间的一切联系。最悲惨的村庄注定继续悲惨下去。联邦制被州郡行政制所替代，杀人放火无处不有，各种野蛮行径、血腥狂欢，在这片土地上鼓噪四起。”

2. 无休止的争论战

想要弄清逻辑推理对选民的头脑可能产生的影响，千万不要阅读有关选举集会的报道。在这种集会上，选民们信口开河、抨击对手，有的时候甚至拳脚相向，但绝不会有理性推论。假如有片刻沉寂，也是因为某个号称“硬汉”的家伙当场宣称自己要质问候选人，而这往往会给观众带来乐趣。可是，反对派高兴不了多久，因为提问者的声音很快就被对手的叫喊声所淹没。以下关于公众集会的报道是从报纸中很多类似的事例中选出来的，可以作为典型事例：

“集会组织者之一要求大会选出一名主席，瞬时全场骚动。

“无政府主义者纵身一跃上了会台，粗暴地占领了会议桌。社会主义者激烈反抗。厮打开始了，每一方都指责对方是政府派来的奸细……一个眼眶被打青了的公民离开了会场。

“在激烈的争吵声中，委员会最终使主席正式就职，讲话权交给了 X 同志。

“这位讲话人开始猛烈抨击社会主义者，而被抨击者则用白痴、恶棍、流氓等叫骂声打断他的讲话。面对这类攻击，X 同志提出一种理论，即社会主义者是白痴或者小丑。

“昨晚，阿勒曼党在福伯格宫大街的商会大厅组织了一次大会，为五一劳动节工人庆祝会做准备，大会的标语是‘沉

无政府主义者纵身一跃上了会台，粗暴地占领了会议桌。社会主义者激烈反抗，厮打开始了，每一方都指责对方是政府派来的奸细……一个眼眶被打青了的公民离开了会场。

着冷静！’

“G 同志——暗指社会主义者是白痴和小丑。

“所有言语中都充满了相互抨击的辱骂，演讲者和听众扭成一团。桌子、椅子、板凳全都成了攻击武器。”

千万不要认为这种描述只适用于固执的选民群体，并且取决于他们的社会地位。在所有无名称的集会中，即使成员是受过高等教育的人，同样会产生这种争论。我前面说过，当人们聚成群体时，他们的智力水平会趋于一致，这种证据比比皆是。

下面是我引用的 1895 年 2 月 13 日《时报》上一段有关学生集会的报道：

“伴随着夜色蔓延，喧闹声有增无减。我确信没有哪个演讲者能够不被打断地说完一段话。叫喊声此起彼伏，掌声、嘘声纷纷入耳，观众间的激烈争论也越来越激烈，一些人挥舞着棍棒以示威胁，另一些人不断地击打地板，人们冲着打断者叫喊道‘把他拉出去！’或者‘让他说！’G 先生满嘴都是有关集会可恶、怯懦、丑陋、卑鄙、腐败、报复之类的话，他宣称要将这些东西全部消灭。”

你可能会问，在这种环境下，选民的意见怎样才能达到统一呢？提出这种问题的人，一定对群体的自主性有一种错误的认知。群体意见是别人强加的，他们从不敢夸口说自己的意见有多么严谨缜密。在这一点上，选举委员会掌控了选民的意见和投票结果，而它的领袖通常是一些政客，他们因为向工人许以好处而具备很大的影响力。如今最勇敢的民主斗士之一谢乐先生曾说：“你明白什么是选举委员会吗？它是我们各项制度的基石，政治机器的一件杰作。如今的法国就是由选举委员会掌控的。”

只要候选人被选民认可并财力雄厚，对选民产生影响并非难事。候选人后面的财团承认，300 万法郎足够确保布朗热将军再次参选成功。

这就是选民群体的心理特征。与其他群体一样，不会更好，也不会更差。

因此，根据以上内容，我没有得出反对普选权的结论。假如让我对它的存亡做出定论，出于某些实际原因，我将保留我的观点。实际上，我们在研究群体心理时已归纳出了这些原因。因此，我将对这些实际原因做进一步阐述。

3. 普选权

的确，普选权过于明显的弱点使人们很难视而不见。不可否认，文明是少数智力非凡的人类的产物，他们构成了金字塔的顶点。伴随着智力水平的降低，金字塔的各个层次不断变宽，它们分别代表一个民族中不同的群体。一个文明的伟大，当然不可能依靠低素质成员的人多势众。另外，群体选票往往非常危险。它们早已让我们付出了数次遭遇侵略的代价，在群体正在为之奋斗的社会主义即将胜利之际，难以预测的人民主权也许会让我们付出更为沉重的代价。

可是，这些反对理由尽管在理论上显得非常具有说服力，但在现实中却毫无作用。假如你还记得当观念变为信条后有着不可战胜的力量，便会承认这一点。

从哲学观点来看，群体权力至上的信条和中世纪的宗教信条一样经不起任何争论。但是，如今它享有与昔日信条一样的绝对权力，因此它就好比我们过去的宗教信仰一样不可撼动。试想一下，假如将一个现代自由思想家神奇般地送回到中世纪，当他发觉盛行于当时的宗教信仰有着至高无上的权力时，你觉得他会抨击它们吗？一旦落入某个想要将他送上火刑柱的法官之手，指控他与魔鬼缔结条约或者参与了女巫的祷告活动，这时，他还会对魔鬼或者祷告活动的真实性提出质疑吗？用探讨的方法与飓风对抗和用探讨的方法反驳群体信念一样很不明智。如今，普选权拥有着过去基督教曾经拥有的力量。当演讲者和作家提到它时流露出的敬意和谄媚，即使是路易十四也未曾享受过。因此，对待普选权和所有宗教信条，我们应当采取一样的立场，只有时间能够更改它们。

另外，试着削弱这种信条影响力的努力只能是徒劳无功，因为它具有一种能够保护自己的外表。托克维尔明确指出："在平等的年代里，人们十分相似，全都缺乏信仰。可是，这一相似点使他们无限地信赖公众的判断，原因在于人不可能同样聪明，真理一般掌握在少数人手里。"

限制选举权，即将选举权限制在智力令人满意的一类人中，这种做法会使投票结果有所改进吗？当然不会，我以前曾指出，不管由什么人组成的集体，他们的智力水平都一样低下。在群体中，人们的智力水平总是会趋于一致。在一般性问题上，40 名院士的投票结果不会比 40 名卖水者更为高明。

我丝毫不认为专门让有学问并受过教育的人当选民，其投票结果会与备受谴责的普选投票结果有多大不同。举个例子，一个人不会因为精通希腊语或者数学，或者因为是建筑师、兽医、医生或者大律师，便拥有解决社会问题的特殊智力。所有的政治家、经济学家都受过高等教育，他们大多是教授或者学者，可是在贸易保护、金银本位制等一般性问题上，他们有达成过一致意见吗？原因就在于，他们的学问只是我们普遍无知的一种弱化形式。在社会问题上，因为未知因素过多，人类是一样的无知愚昧。

因此，全体选民假如全部由各学科的专家组成，他们的投票结果几乎与现在的结果没有两样。他们主要受自己的情感因素和党派精神左右。我们如今苦于应付的难题还是一个也免不了，而且我们一定会受到某些身份团体的专制统治。

群众的选举权无论是限制性的还是普遍给予的，无论是在共和制还是在君主制统治下，也无论是在法国、比利时、希腊、葡萄牙还是西班牙，结果都是一样的，它们是种族无意识愿望和需要的表现。在每个国家，当选者的一般意见体现了种族特征，这种种族特征世代相传且不会发生显著变化。

由此可见，我们又一次遭遇种族这个基本概念，实际上我们以前总是遇到它，由此我们得出了另一个结论，即制度和政府只会对一个民族的生活产生很小的影响。民族主要受种族特征的掌控，即受各种遗传特质的掌控，种族特征恰好是这些遗传特质的总和。种族因素和束缚我们的日常规律，是决定我们命运的神秘主因。

第五章　议会（文明民族的理想象征）

1. 现代文明民族的理想

议会群体呈现出有特色的异质群体的大部分特征——他们所持有的观点具有简单性——他们具有易接受暗示的性质，这种性质有其局限性——他们固有的主张和善变的主张——为什么优柔寡断会占居主导地位。

2. 掌控群体的机器

领袖的作用——他们的声望是从哪里来的——他们主宰着议会——他们行使着绝对的权力——他们演讲艺术的要素——措辞和形象——心胸狭隘、刚愎自用往往是领袖的心理需求——演讲者倘若缺少声望，他的论证是不可能获得认可的——议会群体或好或坏的情感夸张——在某些时候，他们的行为处于无意识状态——议会失去群体特征的情况——在技术性问题出现时专家的影响力。

3. 消耗财力和限制人们自由的机器

议会的两种严重危害——它适应现代需求，但会造成财政浪费和对一切自由的进一步限制。

1. 现代文明民族的理想

议会中有一个关于有名称的异质群体的例证。虽然不同年代、不同国家的议员选举方法各异，但是它们具有特别相似的特征。在这种场合，种族因素不是弱化就是强化群体特征，但不会妨碍其表现。差异很大的国家，如希腊、意大利、葡萄牙、西班牙、法国以及美国，它们的议会在辩论和选举过程中表现出极大的相似性，使各自的政府面临同样的难题。

另外，议会制是现代一切文明民族理想的象征。这种制度反映了一种观念，即在某个问题上，一大群人比一小群人更有可能做出明智而独立的决定。这种观念从心理学角度看虽然是错误的，但却得到了人们的广泛认可。

在议会中，我们同样能够发现群体的一般特征：头脑简单、易怒、易受暗示、情感夸张以及少数领袖的主导作用。可是，由于议会的特殊组成，它们也会表现出某些与众不同的特性，下面我们将就此简要说明。

议会最主要的特征之一是意见的简单化。所有党派，尤其是拉丁民族的党派，无一例外地表现出群体以适用于任何情况的最简单的抽象原则和普遍法则来解决最复杂的社会问题的倾向。当然，每个党派的原则都不相同，但是仅仅因为它们是群体的一部分，它们都会夸大自己原则的价值并将其最大化。议会恰好是这种极端意见的代表。

议会意见的简单化特征在法国大革命时期雅各宾党人的例子中表现得最为明显。他们擅长推理和使用教条，脑子里装满了各种模糊的空洞理念；他们没弄清楚状况就忙于实行各种死板的原则。说到他们，人们不无理由地认为，他们经历了法国大革命，却没有目睹革命的全过程。

他们自以为依靠一些非常简单的指导性教条，就能够将社会从头到尾地改造一番，使高度发达的文明倒退到社会发展的初始阶段。他们实现梦想的手段都标有完全简单化的统一印记。实际上，他们只是在扫清前行的障碍。不管是吉伦特派（编按：法国大革命时期信奉自由主义的中产阶级派别）、山岳派（编按：法国大革命时期立场极不坚定的墙头草政党）还是热月派（编按：推翻雅各宾政权的政变人士），他们都受到同一种精神的鼓舞。

2. 掌控群体的机器

如同所有群体一样，议会群体易受暗示，并且这种暗示是来自于享有声望的领袖。需要强调的是，议会群体易受暗示的特点具有明显的界限。

在有关地方或者地区利益的一切问题上，议会成员都持有坚定且难以改变的意见，再多的论证也没法撼动他们。举个例子，在贸易保护或者酿酒特权这种触及权势选民利益的问题上，即使依靠古代希腊雄辩家德摩斯梯尼的才能，也没法更改任何一位议员的投票。选民在投票前发出的暗示，足够压倒其他所有要求取消的建议，从而保持了意见的稳定。

在一般性问题上，如推翻一届内阁、征收一项新税，意见的稳定性不复存在，这时领袖意见开始发挥作用，尽管它与在一般群体中的作用方法不太相同。每个政党都有自己的领袖，有的时候他们的势力旗鼓相当，结果是使某个议员处于两种对立的意见之间，迟迟做不了决定。这解释了我们为何总是看到他在短短的十五分钟内做出相反的表决，或者是为某项法规添加一条使其失效的条款。举个例子，在取消雇主选择和解雇工人的权利后，又在修正案中宣布这项举措无效。

出于同样的理由，每届议会都有一些非常稳定的意见和极为易变的意见。大体上，议会中议而不决的现象多出现在很多一般性问题上。之所以议而不决，是出于对选民的担忧，因为他们表现出的暗示一般不易察觉，并且可能会抵消领袖的影响。

尽管如此，在很多辩论中，假如议会成员在主题上没有强烈的先入为主的意见，辩论依然受领袖掌控。

这些领袖的必要性显而易见，因为他们以团体领袖的名义存在于每个国家的议会之中。他们是议会真正的主人。群体成员无法脱离这个主人，因此议会的表决结果一般只代表少数人的意见。

领袖的影响力很少是通过他们的论证得到的，而在很大程度上源于他们的声望。最好的证明就是，一旦他们不知因为什么状况身败名裂，他们的影响力便荡然无存。

决定政治领袖声望的因素通常不在于头衔或者名声，而在于个人。朱尔斯·西蒙为我们提供了一个有趣的案例，在这个案例中，他评论了 1848 年国民议会里的一些政要，那个时候他也是议员之一。

“两个月前，拿破仑无所不能，如今他只是个无关紧要的家伙。维克托·雨果登上讲台，但他并没有成功。

“人们就像听菲利克斯·皮阿说话一样听着他的讲话，但他却没有赢得多少掌声。沃拉贝勒跟我提到菲利克斯·皮阿时说：‘我不喜欢他的那些想法，不过他是法国最伟大的作家和演讲家。’爱德格·基内虽然智力非凡，但是丝毫没有受到人们的尊重。议会召开前，他还算是有些声望，但在议会里他却变得默默无闻。

“没有什么地方比政治集会更无视才华横溢的天才。他们只听从在合适的时间、合适的地点发表的有利于政党的雄辩之言，而不在乎它是否为国家利益服务。要想让他们对 1848 年的拉马丁和 1871 年的梯也尔表示敬仰，须要有紧迫且不可阻挡的利益刺激。一旦风险消失，议会马上会将它的感激和害怕抛诸脑后。”

我引用以上几段话，不是因为它提供的解释——其中的心理学知识可以忽略不计，而是因为其中包含的一些事实。一旦群体效忠于某个政党或者国家领袖，便马上失去了自己的个性。听从领袖的群体受其声望影响，而不受任何利益或者感激之情的掌控。

因此，享有足够声望的领袖一般掌握绝对权力。一名众议员因名声显赫而多年享有权势，但最终却因财政问题而倒台，此事广为人知。他只需要做一个暗示，内阁便会倒台。有位作家在下面这段话中清楚指出了他的影响力。

“因为 X 先生，我们付出了三倍于我们本应对东京做出的努力，造成的后果是，我们在马达加斯加的据点仍长期处于不稳定的状况，我们在南尼日尔被骗走了一个帝国，我们在埃及的优势地位不复存在。因 X 先生的谬论，我们丢失的领土甚于拿破仑一世造成的灾难。”

对于这种领袖，我们不必心存怨恨。的确，他让我们付出了沉重的代价，但是他的影响力大多来自于顺应民意，因而在殖民事务上远远不及过去的水平。领袖很少能超越民意，他们所做的一切几乎都是为了迎合民意，如此也会助长其中的错误。

除了领袖声望外，我们这里提到的领袖说服手段还包括以前多次强调的因素。领袖要想娴熟地利用这些手段，务必对群体心理了然于胸，起码要无意识地做到这一点；他还务必明白怎样与群体交流。领袖特别应当了解各种话语、说辞以及形象的神奇力量。他应该掌握一种特别的演讲方法，包括没有证据的有力断言和伴以含糊推理的生动形象。这是所有议会中常见的演讲方法，即使最严肃的英国议会也不例外。

英国哲学家梅因说："从下议院的争论中我们可以看到，整个争论过程充满了空洞无力的大话和激烈的人身攻击。这些公式化的语言对纯粹民主的幻想有着很大的作用。一般来讲，群体很容易接受骇人听闻的断言，即使它从来没有被证实，大概也不可能得到证实。"

言语骇人听闻的重要性，再怎么强调也不为过。我们曾多次强调话语和说辞的特殊力量。它们借由这种表达方法唤起人们脑海中生动的形象。下面这段来自于一位议会领袖的演讲就很好地说明了这一点：

"这艘船将驶离这片热疾肆虐的土地，这里的监狱关押着名声可疑的政客和无视政府的杀人犯，他们可以互诉心事，视彼此为同一社会环境中不可或缺的一部分。"

通过这种方法唤起的形象非常生动，演讲者的所有对手都能感受到它的威胁。他们脑海中出现了两幅画面：一片遭遇热疾肆虐的国土和一艘能够将他们载离的船只。难道他们不会被当作是可疑的危险政客中的一员吗？他们感到一种潜在的恐惧，就像当年罗伯斯庇尔用断头台进行威胁的含糊演讲给国民公会的人造成的感觉一样，在这种恐惧的影响下，他们一定会做出让步。

最不切实际的夸大其词总是对领袖很有帮助。我刚刚引用的那位演讲者在不激起强烈反对的情况下做出如下断言："银行家和神父资助投炸弹的人，因此大公司的董事应该受到与无政府主义者一样的惩罚。”断言对群体总是很奏效，再激烈、再骇人的声明都不算过分。没有什么比这种演讲方法更能恐吓听众了。在场的人担心，假如自己提出抗议，会被当作叛徒或者帮凶。

正如我所说，这种特殊的演讲方法在所有议会中都有着绝对的影响力。危机当前，它的作用更加突出。从这个角度来看，法国大革命时期那些著名议会演讲家的讲话显得很有意思。他们每时每刻都觉得自己应该对罪恶严加谴责，对美德高声歌颂，接着再大声咒骂专制者，信誓旦旦地声称“不自由毋宁死”。在场的人都站起来猛烈鼓掌，平静以后再坐回原位。

偶尔也有些领袖智力非凡并且受过良好的教育，可是这种特质一般弊大于利。一个人借由说明事情的复杂性，进行解释，加深理解，他的智力会使他变得非常宽容，可是这在很大程度上削弱了信徒信仰所必需的强烈和粗暴。古往今来，特别是法国大革命时期，一切伟大的群体领袖的智力都狭隘得令人觉得悲哀，但恰恰是他们有限的智商发挥了最大的影响力。最杰出的领袖的演讲，如罗伯斯庇尔的演讲，往往有着令人咋舌的自相矛盾。仅凭这些演讲，的确让人难以理解这位权倾朝野的独裁者何以能发挥如此强大的作用：

“充满陈词滥调和一堆废话的教导式演讲，糊弄儿童头脑的非常普通的拉丁文化，仅有些抨击和对付小学生挑衅的辩护说辞。没有思想、没有令人愉悦的说辞变化或者是一语中的的流行词语，只有让人生厌的疯狂断言。在经历了这样一次毫无乐趣的阅读以后，你可能会与和蔼的卡米尔·德穆兰一起长叹一声：唉！”

有时一想到持有坚定信仰的极端狭隘的头脑会赋予一个享有声望的人怎样的权力时，不禁让人顿觉毛骨悚然。可是，对于一个想要无视各种障碍、意志极为坚定的人来说，这些条件依旧是必要的。群体本能地在充满活力、信仰坚定的人中找寻他们需要的领袖。

议会演讲的成功完全取决于演讲者的声望，与他怎样论证推理毫无关系。这方面最好的证明就是，当一个人因为某些原因身败名裂时，他的影响力（即随意掌控表决结果的能力）也跟着消失。

当某个无名的演讲者自告奋勇地要发表一场论证严谨的演讲时，假如只有论证，恐怕他只能让别人听听而已。对心理学有着独到见解的众议员德索布先生，最近对一位缺乏声望的众议员做了如下描述：

“他走上讲台，从公文包里拿出一份讲稿，按部就班地摊在面前，胸有成竹地开始讲话。

“他言之凿凿地夸口要将让自己激动不已的信仰传递给听众。他一而再再而三地强调自己的理由，提供充分的证据，坚信自己会征服观众。

“面对他的引证，一切反驳都毫无用处。他开始讲话，对自己的合理推论表现得自信满满，相信同伴们会仔细聆听，因为他们一心追求真理。

“但是他一开口就惊讶地发现现场的人们躁动不安，这让他有点恼怒。

“为什么不可以保持安静？为什么大家如此心不在焉？对于那些说话的人，议员们有什么看法？是什么紧急事件让议员纷纷离席？一丝不安的神情掠过他的面庞。他皱了皱眉，停止讲话。在议会主席的鼓励下，他提高嗓门，再次进行讲话。现在听的人更少了。他加重语气，配合各种手势予以强调。周围的声音越来越大，他开始连自己的声音都听不见了，于是他再次停下来。

“最终，因为担心自己的沉默会引发‘闭嘴！’这种可怕的叫喊，他又开始讲话。此时喧哗已变得令人难以忍受。”

当议员们激动的情绪达到一定程度时，它会变得和普通的异质群体一样，情感总是非常极端。他们可能做出最英勇的行为，也没准会做出穷凶极恶的事情。他们不再是他们自己，他们会做出与自身利益最不相符的表决。

法国大革命的历史向我们表明，议员们能够多么严重地失去自我意识，接受与自身利益完全对立的提案。对于贵族阶级来说，放弃自己的特权是一个非常大的损失。可是，在国民公会期间一个难忘的夜晚，他们毫不迟疑地这样做了。

议员们放弃了自己神圣不可侵犯的权利，意味着他们将永远笼罩在死亡的阴影之下。可是他们迈出了这一步，并毫无恐惧地在自己的阶级中大开杀戒，尽管他们都清楚，自己明天可

当议员们激动的情绪达到一定程度时，它会变得和普通的异质群体一样，情感总是非常极端。他们可能做出最英勇的行为，也没准会做出穷凶极恶的事情。他们不再是他们自己，他们做出与自身利益最不相符的表决。

能会落得与现在被他们送上断头台的同伙一样的下场。

他们所讲的真理完全处在一种无意识的状态中。这种状态在以前曾提及，任何因素都无法阻止他们接受那些受到催眠暗示的提案。关于这一点有下面这段话为证，它出自议会成员之一比劳·瓦雷纳的回忆录：

“这个我们不断谴责的决议，在两天前甚至一天前还被我们排斥，最终居然通过了。导致这一结果的是危机，而不是其他什么原因。”

在一切情绪激昂的国民议会中，都能看见这种无意识作用的影响力。丹纳说：

“他们准许并下令颁布一些自己心存恐惧的法令，这些法令举措不仅愚蠢透顶，简直就是犯罪，对那些无辜的人以及他们的朋友都造成了极大的伤害。

“受到右派支持的左派，在一片热烈的掌声中，毫无异议地将丹东这个曾经的首领以及这场革命伟大的推动者和领袖，送上了断头台。同样的，受到左派支持的右派，在一片热烈的掌声中，一致表决通过了革命政府史上最恶劣的法令。

“在热情的赞美声中，以及对科洛·德布瓦、库东、罗伯斯庇尔的热切肯定下，国会全体议员自发地进行改选，将杀人成性的政府留在台上。

“平原派因其嗜血成性而憎恶它，山岳派因其草菅人命而痛恨它。可是最终，不管是平原派还是山岳派、多数派还是少数派，都落得个自取灭亡的下场。牧月二十二日，整个议会把自己交给了刽子手；热月八日，在罗伯斯庇尔演讲完后的十五分钟内，议会再次做了同样的事情。”

这个场面看上去阴郁昏暗，但也的确如此。议会一旦兴奋恍惚到一定程度，就会表现出相同的特性。议员们会变得善变而冲动。以下这段话是有着无可置疑的民主信仰的斯布勒尔议员对1848年议会的描述。我从《文学报》上将这段非常具有代表性的描述转引如下。它为之前所说的群体特性的情感夸张以及使议会不断从一种态度转向另一种完全相反态度的极端易变性提供了佐证。

“共和党因其分裂、妒忌、多疑、盲目自信和痴心妄想而走向灭亡。它的简单、公正，只有其普遍怀疑的态度能与之相媲美。在缺少法律意识、纪律观念以及抱有无尽的恐惧和幻想方面，它与农民和儿童表现的特征差不多。共和党人的冷静与急躁不相上下，残暴与温顺同样极端。这种情况是因性格不成熟和缺少教育导致的自然结果。没有什么能让他们大惊小怪，可是每一件事都会使他们感到不安。他们既会害怕得发抖，也会表现得英勇无畏；他们既能够赴汤蹈火，也可能逃之夭夭。

“他们无视因果和事物之间的相互关系。他们时而灰心丧气，时而斗志昂扬。他们易受各种惊慌情绪的影响，不是过于紧张就是过于低落，但是从来不会处在环境需要的情绪或者状态中。他们比流水更加变幻无常，思维混乱，毫无主见。他们如何能够成为政府的基础?”

值得庆幸的是，以上这些在议员身上看到的特征并不经常出现。议会只在某些时候才会形成群体。一般情况下，议会成员拥有自己的特性，正因为如此，议会才可以制定出优秀的法律。实际上，法律的制定者都是潜心研究的专家，因此表决通过的法律实际上是个人而不是集体的作品。这些法律自然是最出色的。当一系列修正案将这些法律变为集体产物时，它们只可能带来灾难性的后果。不管什么性质的群体产物，总是比独立个体创立的略逊一筹。恰恰是专家在阻止议会通过一些愚蠢或者难以执行的政策。这时，专家成了群体一时的领袖。议会对他不起作用，可是他却掌控着整个议会。

3. 消耗财力和限制人们自由的机器

尽管议会在运转过程中产生了这些困难，但它仍然是人类迄今为止最佳的治理形态，更是挣脱个人专制的最佳手段。至少它为哲学家、思想家、作家、艺术家和学者——这些文化精英们——提供了一种理想的治理模式。

不过，它也带来了两种较为严重的危害：其一，不可避免的财政浪费；其二，个人自由的不断受限。

第一种危害是由各种紧迫的问题和缺少远见的选民造成的必然结果。假如某个议员提出一项显然符合民主理念的政策提交议会探讨，比如保障所有工人的养老金并提高国家各级雇员的待遇，其他议员因为害怕丢失选民，从而变成了这一提案的牺牲品。尽管他们清楚这项提案会给预算增加新的负担，从而造成新的税种增加，但在投票时，他们绝不会迟疑，支出增加带来的后果现在无法预测，但是有一点可以肯定，这暂时不会给他们个人带来不利影响。不过，当他们争取连选时，这种消极后果便会凸显出来。

除了第一种扩大的财政开支外，还有一个同样重要的原因，即务必毫不犹豫地投票赞成一切为了地方利益而发放的补助金。

一名议员无法反对发放这种津贴的提案，因为每一个议员要想为其选区的选民谋福利，就务必同意自己同僚的类似要求。

第二种危险是议会对自由限制的必然性。这种必然性不那么明显，却真实存在。这是因为大量法律法规的约束性作用所导致的。议员们觉得他们有义务通过这些法律法规，但是因为目光短浅，他们大多无法预知后果。

的确，这种危险无法避免。因为即使在英国这个拥有最通行的议会体制，且议员之于其选民有着最大独立性的国家，也无法免除这种危险。

赫伯特·斯宾塞曾在很久以前的一本著作中指出，表面自由的增加必然伴随着真正自由的减少。他在最近的《个人与国家》一书中又再次提到了这个话题。对于英国议会，他是如此阐述自己观点的：

“自这个时期以来，立法制度一直按照我指明的方向发展。快速膨胀的独裁政策不断地限制个人自由，这表现在两个方面：首先，每年制定大量的规章制度，对以往公民完全自由的事务进行限制，并强迫他们做一些以前想做就做、不想做就不做的事情；其次，日益加重的公共财政负担（特别是地方的），借由减少个人可自由支配的利益分成，根据政府当局的需要来增加其投资份额，进一步限制个人自由。”

这种不断受限的自由，在每个国家都有赫伯特·斯宾塞没有指出的特别表现形式。大量具有约束力的法律法规的通过，必然增加执行它们的公职人员的人数、权力和影响。这些公职人员可能会变为文明国家真正的主人。他们拥有更大的权利，是因为在政府更迭过程中，只有他们不受这种变化影响，只有他们不担负责任、不需要个性且永久存在。没有什么专制统治形态能比具备这三种特性的统治形态更具压迫性。

约束性法律法规不断涌现，它们用最复杂的准则将人们的所有行为一一圈死，这必然导致公民自由活动的空间越来越窄。有一种谬见让我们深受其害，它认为不断制定法律法规更能保障我们平等、自由的权利，因此国家每天忍受着日益繁重的各种限制。它们不会接受没有惩罚的法律制度。因为习惯于接受各种约束，它们很快会达到期望中的奴隶状态，丧失一切自然特性和活力。那个时候它们就好比无用的影子，被动、顺从、毫无活力地自动运转着。

假如到了这个地步，个体注定要向外界寻求某种自己早已失去的力量。伴随着公民越来越冷漠而无助，政府的作用必然跟着增大。政府必须会表现出个体缺乏的积极性、创新性和指导精神。重任落到了它们的肩上，一切都需要它们担负、指挥和保护。因此，国家成了无所不能的神。直到经验告诉我们，这种神灵的力量既难持久也并不有力。

在某些民族中，自由越来越受到禁锢，尽管表面的许可使人们觉得自己仍享有自由。他们的衰老在造成这一情况所发生的作用，至少与任何一次具体制度的减退所造成的结果相同。这是衰落的不祥先兆，迄今为止没有任何文明能够逃脱。

依据以往的经验以及各处引人注目的征兆判断，我们早已有一些现代文明走到了这一步，即衰落前极度衰老的阶段。貌似所有民族都不可避免地会经历同样的生存阶段，因为历史会不断重演。

关于文明进程的一些相同阶段，很容易做一个简要的概述，我将以此作为本书的结尾。这种简要提纲的说明，也许会让我们更能理解为何群体能够拥有现在这种力量。

结语　民族的循环过程

假如从文化发展的主要脉络来观察我们以前的那些文化的伟大起源和衰败原因，我们会发现什么？

文明曙光初现之时，移民、侵略活动或者占领等因素，使一群来源不同的人们走到了一起。他们有着不同的血统、语言和信仰，唯一共同的纽带是一部由其首领颁布的还未得到一致认可的法律。就在如此混乱的人群中，群体心理特性早已非常突出地表现出来。他们表现出群体短暂的团结、英雄主义，也有着各种弱点，冲动、暴躁。他们总是善变无常。他们是一群野蛮人。

最终，是时间成就了自己的作品。环境的一致性、种族间的交往以及共同生活的必要性发挥了作用。不同的团体汇集起来，融为一体，形成种族（即有着共同特征和情感的群体），他们在遗传因素的作用下日益稳固。接着群体发展成了民族，成功挣脱野蛮状态。可是，唯有经过长期的努力、奋斗以及无数次的反复，从而得到某种理想后，一个真正的民族才可以真正形成。至于这是什么样的理想，无关紧要，不管是对罗马的狂热崇拜，还是为了雅典的强盛或者真主阿拉的胜利，都足以让种族中所有个体形成完全统一的情感和思想。

在这个阶段，一种包含着各种制度、信仰和艺术的新文明诞生了。在追求理想的过程中，种族不断形成各种必要的特质，让这种理想变得崇高而富有生命力。无疑，他们有的时候仍然是一群乌合之众，但是在他们善变的特征后面潜藏着一种稳定的特性，即掌控民族变化和时机作用的种族特征。

时间在发挥其创造性工作以后便开始了破坏，没有谁能逃得过，不管是神还是人。当一种文明的强盛和复杂性达到一定程度后便开始停止发展，而一旦停滞不前，便注定它将迅速走向衰落。这时，文明晚期的钟声敲响了。

这种必然的衰落总是以种族的支柱（即理想的衰落）为预兆。伴随着信仰魔力的褪去，由它激发产生的宗教、政治和社会体系开始动摇。

伴随着理想的不断消亡，种族不断丧失越来越多的使之团结、和谐、强盛的特质。个人的个性和智力水平可能会得到提升，但与此同时，种族的集体自我意识会被过度发展的个人自我意识所取代，随之而来的是种族特征的弱化和行动能力的降低。组成民族或者集体的人们，最终变为一盘散沙。出于传统和制度的关系，他们会暂时聚集在一起。恰恰是在这个阶段，不同的利益和愿望将他们弄得四分五裂，他们再也无法进行自我管理，即使是最无足轻重的事情也需要指导，由此国家开始发挥引人注目的作用。

伴随着古老理想的丧失，这个种族的特征也完全消失。如今它只是一群孤立个体的组合，再次回到了原始状态——一群乌合之众。他们极端易变且没有未来，有的只是乌合之众那些短暂的特性。他们的文明已经失去了稳定性，只能听天由命。

民众的权力至高无上，野蛮之风开始肆虐。文明貌似灿烂依旧，因为悠久的历史赋予它光鲜的外表，实际上它已成了一座摇摇欲坠的大厦，毫无支撑，一旦风暴袭来，便会马上土崩瓦解。

在追求理想的过程中，从野蛮状态发展到文明状态，然后，在理想破灭后走向衰败和死亡，这就是一个民族生命的循环过程。

后 记

本书在出版的过程中，得到了李华伟、林中华、李华军、范高峰、林学华、张慧丹、林春姣、李雄杰、刘艳、李小美、林华亮、陈聪、曹阳、李伟、曹驰、庞欢、刘艳、张丽荣、李本国、林晓桂、李泽民、龚四国、周新发、林红姣、林望姣、李少雄、陈志、张鹏、李天昊、刘洋洋、沈文彬、向丽、杨城、曹茜、刘宇、杨卫国、孔志明、叶超华、金泽灿、罗斌、赵志远、汪建明、翟晓斐、林承谟、曹雪、林运兰、曹建强、陈娟、许伟、曹琨、曹霞、丁艳丽、余泽灿、林葳、梁晓丹、赵生香、丁彦彬、李雄杰、张培玉、邵鑫、朱成兰、王晓玉、常志强、李友光、蒋永红、张江洲、李华军、张红平、李丽芬、林丽娟、李伏安、丁一、高屹松、杨枫彤、于永春、林喆远、韩梅俏、张恒、周宣、辛大念、孟凡君等不少同仁的支持和帮助，在此特表示深切的谢意！